中国近现代稀见史料丛刊【第四辑】

张剑 徐雁平 彭国忠 主编

王承传日记

王承传 著

冯雷 王洪军 整理

本辑执行主编 张剑

凤凰出版社

图书在版编目（CIP）数据

王承传日记 / 王承传著 ; 冯雷, 王洪军整理. --
南京 : 凤凰出版社, 2017.6
（中国近现代稀见史料丛刊. 第四辑）
ISBN 978-7-5506-2601-0

Ⅰ. ①王… Ⅱ. ①王… ②冯… ③王… Ⅲ. ①王承传
—日记 Ⅳ. ①K827=6

中国版本图书馆CIP数据核字(2017)第099245号

书　　名　王承传日记
著　　者　王承传 著　冯雷　王洪军 整理
责任编辑　张永堃
出版发行　凤凰出版社(原江苏古籍出版社)
　　　　　发行部电话025-83223462
出版社地址　南京市中央路165号,邮编:210009
出版社网址　http://www.fhcbs.com
照　　排　南京凯建图文制作有限公司
印　　刷　江苏凤凰通达印刷有限公司
　　　　　南京市六合区冶山镇,邮编:211523
开　　本　880×1230毫米　1/32
印　　张　6.5
字　　数　169千字
版　　次　2017年6月第1版　2017年6月第1次印刷
标准书号　ISBN 978-7-5506-2601-0
定　　价　35.00元
(本书凡印装错误可向承印厂调换,电话:025-57572508)

袁行霈先生题辞

「音实难知，知实难逢，逢其知音，千载其一乎！」（《文心雕龙·知音》）今读新编稀见史料丛刊，真有治学知音之感也。

傅璇琮谨书

二〇一二年

傅璇琮先生题辞

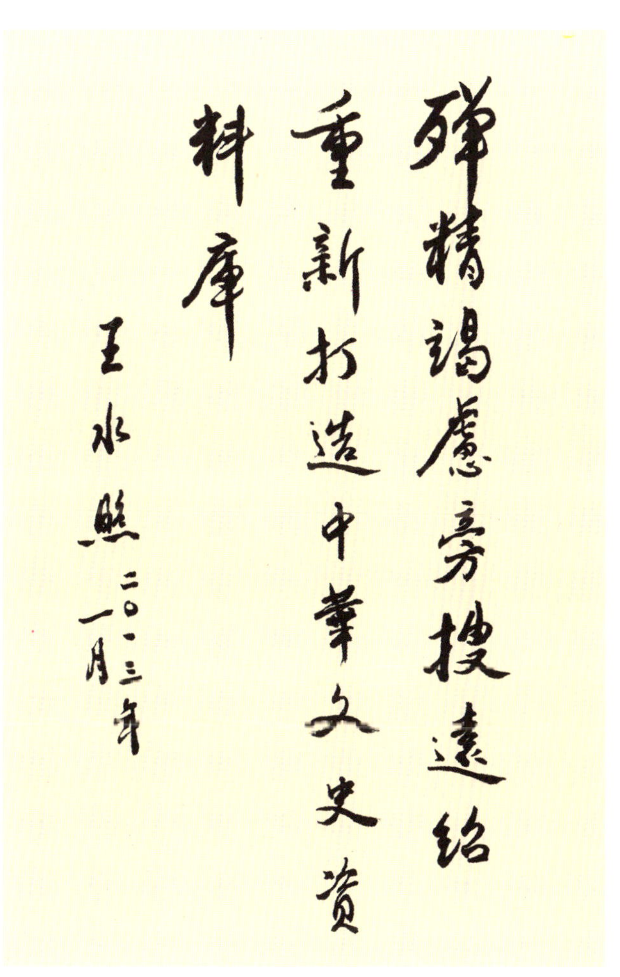

王水照先生题辞

《中国近现代稀见史料丛刊》总序

在世界所有的文明中，中华文明也许可说是“唯一从古代存留至今的文明”（罗素《中国问题》）。她绵延不绝、永葆生机的秘诀何在？袁行霈先生做过很好的总结：“和平、和谐、包容、开明、革新、开放，就是回顾中华文明史所得到的主要启示。凡是大体上处于这种状况的时候，文明就繁荣发展，而当与之背离的时候，文明就会减慢发展的速度甚至停滞不前。”（《中华文明的历史启示》，《北京大学学报》2007 年第 1 期）

但我们也要清醒看到，数千年的中华文明带给我们的并不全是积极遗产，其长时段积累而成的生活方式与价值观具有强大的稳定性，使她在应对挑战时所做的必要革新与转变，相比他者往往显得迟缓和沉重。即使是面对佛教这种柔性的文化进入，也是历经数百年之久才使之彻底完成中国化，成为中华文明的一部分；更不用说遭逢“数千年来未有之变局”、“数千年未有之强敌”（李鸿章《筹议海防折》），“数千年未有之巨劫奇变”（陈寅恪《王观堂先生挽词序》）的中国近现代。晚清至今虽历一百六十余年，但是，足以应对当今世界全方位挑战的新型中华文明还没能最终形成，变动和融合仍在进行。1998 年 6 月 17 日，美国三位前总统（布什、卡特、福特）和二十四位前国务卿、前财政部长、前国防部长、前国家安全顾问致信国会称：“中国注定要在 21 世纪中成为一个伟大的经济和政治强国。”（徐中约著《中国近代史》上册第六版英文版序，香港中文大学 2002 年版）即便如此，我们也不能盲目乐观，认为中华文明已经转型成功，相反，中华文明今天面对的挑战更为复杂和严峻。新型的中华文明到底会怎样呈现，又怎样具体表现或作用于政治、经济、文化等层面，人们还在不断探索。这个问题，我们这一代恐怕无法给出答案。但我们坚信，在历史上曾经灿烂辉煌的中华文明必将凤凰浴火，涅槃重生。这既是数千年已经存在的中华文明发展史告诉我们的经验事实，也是所有为中国文化所化之人应有的信念和责任。

不过，对于近现代这一涉及当代中国合法性的重要历史阶段，我们了解得还过于粗线条。她所遗存下来的史料范围广阔，内容复杂，且有数量庞大且富有价值的稀见史料未被发掘和利用，这不仅会影响到我们对这段历史的全面了解和规律性认识，也会影响到今天中国新型文明和现代化建设对它的科学借鉴。有一则印度谚语如是说："骑在树枝上锯树枝的时候，千万不要锯自己骑着的那一根。"那么，就让我们用自己的专业知识与能力，为承载和养育我们的中华文明做一点有益的事情——这是我们编纂这套《中国近现代稀见史料丛刊》的初衷。

书名中的"近现代"，主要指1840—1949年这一时段，但上限并非以一标志性的事件一刀切割，可以适当向前延展，然与所指较为宽泛的包含整个清朝的"近代中国"、"晚期中华帝国"又有所区分。将近现代连为一体，并有意淡化起始的界限，是想表达一种历史的整体观。我们观看社会发展变革的波澜，当然要回看波澜如何生，风从何处来；也要看波澜如何扩散，或为涟漪，或为浪涛。个人的生活记录，与大历史相比，更多地显现出生活的连续。变局中的个体，经历的可能是渐变。《丛刊》期望通过整合多种稀见史料，以个体陈述的方式，从生活、文化、风习、人情等多个层面，重现具有连续性的近现代中国社会。

书名中的"稀见"，只是相对而言。因为随着时代与科技的进步，越来越多的珍本秘籍经影印或数字化方式处理后，真身虽仍"稀见"，化身却成为"可见"。但是，高昂的定价、难辨的字迹、未经标点的文本，仍使其处于专业研究的小众阅读状态。况且尚有大量未被影印或数字化的文献，或流传较少，或未被整合，也造成阅读和利用的不便。因此，《丛刊》侧重选择未被纳入电子数据库的文献，尤欢迎整理那些辨识困难、断句费力、裒合不易或是其他具有难度和挑战性的文献，也欢迎整理那些确有价值但被人们习见思维与眼光所遮蔽的文献，在我们看来，这些文献都可属于"稀见"。

书名中的"史料"，不局限于严格意义上的历史学范畴，举凡日记、书信、奏牍、笔记、诗文集、诗话、词话乃至序跋汇编等，只要是某方面能够反映时代政治、经济、文化特色以及人物生平、思想、性情的文献，都在考虑之列。我们的目的，是想以切实的工作，促进处于秘藏、边缘、零散等状态的史料转化为新型的文献，通过一辑、二辑、三辑……这样的累积性整理，自然地呈现出一种规模与气象，与其他已经整理出版的文献相互关联，形成一个丰茂的文献群，从而揭示在宏大的中国近现代叙事背后，还有很多未被打量过的局部、日常与细节；在主流周边或更远处，还有富于变化的细小溪流；甚至在主流中，还有漩涡，在边缘，还有静止之水。近现代中国是大变革、大痛苦的时代，身处变局中的个体接物处事的伸屈、所思所想的起落，藉纸墨得以留存，这是一个时代的个人记录。此中有文学、文化、生活；也时有动乱、战争、革命。我们整理史料，是提供一种俯首细看的方式，或者一种贴近近现代社会和文化的文本。当然，对这些个人印记明显的史料，也要客观地看待其价值，需要与其他史料联系和比照阅读，减少因个人视角、立场或叙述体裁带来的偏差。

知识皆有其价值和魅力，知识分子也应具有价值关怀和理想追求。清人舒位诗云"名士十年无赖贼"（《金谷园故址》），我们警惕袖手空谈，傲慢指点江山；鲁迅先生诗云"我以我血荐轩辕"（《自题小像》），我们愿意埋头苦干，逐步趋近理想。我们没有奢望这套《丛刊》产生宏大的效果，只是盼望所做的一切，能融合于前贤时彦所做的贡献之中，共同为中华文明的成功转型，适当"缩短和减轻分娩的痛苦"（马克思《资本论》第一卷第一版序言）。

《丛刊》的编纂，得到了诸多前辈、时贤和出版社的大力扶植。袁行霈先生、傅璇琮先生、王水照先生题辞勖勉，周勋初先生来信鼓励，凤凰出版社姜小青总编辑赋予信任，刘跃进先生还慷慨同意将其列入"中华文学史史料学会"重大规划项目，学界其他友好也多有不同形式的帮助……这些，都增添了我们做好这套《丛刊》的信心。必须一提的是，《丛刊》原拟主编四人（张剑、张晖、徐雁平、彭国忠），每位主编负责一辑，周而复始，滚动发展，原计划由张晖负责第四辑，但他尚未正式投入工作即于 2013 年 3 月 15 日赍志而殁，令人抱恨终天，我们将以兢兢业业的工作表达对他的怀念。

《丛刊》的基本整理方式为简体横排和标点（鼓励必要的校释），以期更广泛地传播知识、更好地服务社会。希望我们的工作，得到更多朋友的理解和支持。

2013 年 4 月 15 日

目　录

前　言

《王承传日记》(原题为《钦尧手记》)，为清末王承传随出使德国大臣荫昌驻德国所记。现存《日记》10 册，自卷六开始，前五卷暂未访得下落；此 10 册《日记》始于光绪二十九年六月二十八日(1903 年 8 月 20 日)，止于光绪三十二年十二月十五日(1907 年 1 月 28 日)，64 开红格纸，每页 7 行，版心有“义成仁号”四字。第 9 册后半部分、10 册为归国后在天津任职所记。

王承传，字钦尧，安徽桐城人。自言：“总角时，即命从名师诵读，后地方风气渐开，创立学校。先妣以世界演进必须贯通中西学科，乃令入校肄业。”①光绪十一年(1885)六月，直隶总督李鸿章筹建了中国近代最早的陆军军事学校——天津武备学堂。此时，荫昌出任北洋武备学堂德文翻译教习，后升至武备学堂总办。光绪十三年(1887)，天津武备学堂设立幼童班(报考者年龄限 13—16 岁)，人数 40 名，修业期限 5 年，旨在培养高一级军官。光绪十七年(1891)，王承传毕业于第一期幼童班。

光绪二十六年(1900)在天津骑兵学营教习差内，王承传捐官的捐照及其他凭证毁于兵燹，此后一直申请补发捐照。光绪三十年(1904)，户部为王承传补发了捐照：

王承传系安徽桐城县人，捐年十七岁。曾祖春发，祖森，父士兰。由俊秀捐银一百二十四两，请作监生，给予县丞一职。又

① 王承传：《先妣陶太夫人行略》，铅印本。

于二十四岁，捐银四百二十七两六钱，又在部库补交银五十八两，请以县丞，不论双单月分发试用。[①]

外务部转发给驻德公使的户部咨文称："光绪十七年五月十九日在直隶赈捐局报捐县丞衔监生；二十四年十一月三十日在直隶新海防案内报捐县丞，不论双单月，分发试用等情。"[②]据此可知，王承传出生于同治十三年(1874)，光绪十七年，17岁，即天津武备学堂幼童班毕业之后，捐监生，任职天津旗兵学堂教习。光绪二十四年，24岁，捐县丞。

日本著名中国史专家内藤湖南于光绪二十五年(1899)来中国旅行，著《燕山楚水》(1900)一书。在天津逗留期间，与严复、王修植、张元济、文廷式、王承传、罗振玉等十三人进行了访谈。该书称："王承传，字钦尧，安徽桐城人，现为旗兵学堂德文教习。"[③]也就是说，光绪二十五年(1899)，王承传还是一名教习。光绪二十七年(1901)七月十七日，清政府派遣荫昌出使德国，"毕业于幼童班以德文程度优秀而为出使德国大臣荫昌选为随员者二人"[④]，即王承传及同学张兴祖。王承传为德公使馆二等译员。

光绪三十年(1904)，荫昌任职期满，按例当卸职回国。十一月初一日，清外务部电传谕旨："军机大臣面奉谕旨，德国出使大臣荫昌著勿庸更换。钦此。东。"显然，这是慈禧太后的决策。使馆人员一并延期任职。十一月二十五日记曰："明日为余到洋三载期满，理合循案报满请奖"，"余此次系请保免补本班，以直隶州知州仍分省归候补

① 王承传：《日记》，光绪三十年(1904)六月初三日，清稿本。

② 王承传：《日记》，光绪三十年(1904)六月初三日。

③ [日]内藤湖南：《燕山楚水》，吴卫峰译，北京：中华书局，2007年，30页。

④ 王家俭：《北洋武备学堂的创设及其影响》，《清史研究论薮》，台北：文史哲出版社，1994年，387页。

班,遇缺尽先前补用,并加知府衔。星使[①]以张、荣两人所请有不合例处,拟函询北京再订。”[②]王承传在驻德使馆三年期满,按例应该升迁,所以请补直隶州知州候补班。次年,王承传候补知州的呈文才电传驻德使馆。光绪三十一年(1905)五月二十四日记:“外务部咨军机处钞,交驻德荫大臣,奏奖期满随员一片,光绪三十一年三月初十日奉朱批,著照所请,该衙门知道单并发,钦此。并钞送原电到部,除荣清一员应由内务府武职人员,应由兵部办理外,查单开随员五品顶戴,分省补用知县王承传拟请免补知县,以直隶州知州分省归候补班,遇缺尽先补用,并赏加知府衔。”[③]荫昌蝉联驻德出使大臣未足三月,清政府任命四品卿衔山东候补道杨晟充任出使德国、荷兰大臣,著令荫昌回国当差。此时,袁世凯深情来电:“公归有期,曷胜忻盼。季高使奥,欲延精通德文者充参赞,请代物色,并请示覆。凯宥。”[④]季高是李经迈的字,系李鸿章的儿子。光绪三十一年(1905)任出使奥地利大臣,三十三年归国。荫昌以此询问王承传愿就此职否,承传以“年幼职小,学浅才疏”不能胜任作答。光绪三十二年(1906)四月十二日,荫昌、王承传等离开柏林,从水路回国。

光绪三十二年(1907),清政府任命孙宝琦为出使德国大臣。六月初二日,“孙宝琦率领使馆参赞、随员十余人,其中有参赞王承传(字钦尧,安徽桐城人。民国后,任驻丹麦使馆代办)夫妇、随员项致中及张□、李□等。除蔡先生外,还有随同赴德留学生三人”[⑤]。孙宝琦,字慕韩,晚署孟晋老人,浙江杭县人。系咸丰时太傅孙治经之

---

① 按:《文献通考·象纬》卷二百七十九载:“天节八星,在毕南,主使臣之所持也。”故称帝王的使者为星使。

② 王承传:《日记》,光绪三十年十一月二十五日。

③ 王承传:《日记》,光绪三十一年五月二十四日。

④ 王承传:《日记》,光绪三十一年九月初四日。

⑤ 高平叔:《蔡元培年谱长编》,北京:人民教育出版社,1996年,328页。

长子，以二品荫生授主事。光绪二十八年(1902)，出任驻法钦差大臣。驻法期间，曾往来于法、德，与王承传相识，并成为朋友。1914年，为代理国务总理。1924年，任国务总理。蔡先生即蔡元培，后为北京大学校长。

孙用震《故国务总理慕韩府君碑铭手札集跋》云：光绪三十二年，孙宝琦赴德，“蔡元培同行，参赞为张元恺、陆寿峰、冯祥光、秘书王承传、主事陈协赞……随侍者先嫡母，八姑母(颜骏人夫人)，大、二、三姊，长兄用时等”[①]。也就是说，驻德大臣荫昌卸职，王承传亦返回天津。其后，又随新任出使德国大臣孙宝琦赴德供职。三年职满，王承传再次被授以虚职，然而已不再是候补班。宣统元年(1909)十二月，呈御览的使馆官员期满拟请授衔名单载有王承传的任职情况，即“试署驻德使馆三等参赞官选用知府分省候补直隶州知州王承传”[②]。

此次履新，王承传的妻子刘婉卿同行。一战时，刘婉卿于丹麦辞世，故国迢遥，在驻丹麦颜骏人公使夫人(孙宝琦大使的八妹，孙用震的八姑母)的主持下，刘婉卿葬于丹麦首都哥本哈根的公墓。所以，1928年4月1日《北洋画报》登载的《记名公使王承传君及夫人之合影》[③]，系王承传与继室夫人胡振亚的合影。

王承传追忆曰：“随使欧洲德、和[④]、丹麦等国，旋代德、和使事。”“民国四年乙卯十月，先考在津弃养，其时不孝正奉职柏林使廨。”“民国九年春……返国，供职译署。……复奉丹麦代使之命[⑤]。”1912年

① 孙用震：《故国务总理慕韩府君碑铭手札集跋》，沈云龙：《孙慕韩(宝琦)先生碑铭手札集》，《近代中国史料丛刊续编》，第45集，台北：文海出版社有限公司，1977年，212页。

② 《清宣统朝中日交涉史料》，卷四，227页。

③ 北京图书馆文献信息服务中心：《〈北洋画报〉索引》，北京：书目文献出版社，1986年版，387页。

④ “和”国即清末民初对于荷兰的称呼。

⑤ 王承传：《先妣陶太夫人行略》，铅印本。

11月22日《政府公报》载，照准清政府驻德代办梁诚以病辞任、回国就医的电请，令时任驻德二等参赞的王承传代办馆务[①]。实际上，十一月初一日，王承传已经接管了使馆的事务。1913年1月29日公使颜惠庆赴德履职，王承传晋为一等秘书。次年(1914)，荷兰君主赠予驻和代办一等秘书王承传"三等奥郎日那索勋章"，中华民国政府批令准予佩戴，且授予王承传三等嘉禾勋章。1917年8月14日中德两国绝交，卸职。这一年王承传被授予中华民国"二等嘉禾章"[②]。此后，即1917—1920年转任驻丹麦使馆一等秘书，1920年丹麦政府赠给王承传"三等丹纳拨洛十字宝星"一座。1922年6月16日，北京政府任命戴陈霖为驻瑞典兼挪威、丹麦国特命全权公使，"至驻丹麦公使原任为颜惠庆，而颜氏于民国九年即奉调回国出任外交总长[③]，馆务亦由王承传代办"[④]。即1921年8月18日至1924年1月30日，以一等秘书身份，代办驻丹麦使馆使事。1921年，王承传再次被授予中华民国"二等嘉禾章"。

1924年，王承传返国，充任北洋总统府典礼官。1926年，职于外交讨论会专门委员、外交部总务厅帮办。1928年，任平津卫戍总司令部参议，兼河北省政府参议。1930年，任山西省政府参议兼驻北平代表。1931年，"供职外交部北平档案保管处处长，及行政院驻平政务整理委员会参议"[⑤]。

自1901年出使德国到1924年回国，王承传十余年间活跃于外交事务中，为我国外交事业做出了重要的贡献。而我们所发现的《钦

---

① 《政府公报(1912年11月)》，第7册，694页。

② 《政府公报》，第118册，648页。

③ 《中华民国外交史辞典》附表(786页)，有颜惠庆驻丹麦使馆到任命及到任时间，而无免离时间。颜氏即在民国九年(1920)迁职离任。

④ 中华民国史事纪要编辑委员会编:《中华民国史事纪要(初稿)中华民国十一年(1922)(四至六月份)》，1134页。

⑤ 王承传:《先妣陶太夫人行略》，铅印本。

尧手记》,为我们客观地保留了当时德国政治、外交、文化、教育以及社会生活真实的历史资料。通过日常琐事,我们看到了王承传作为使馆参随的拳拳爱国之心以及积极主动接受西学的开放心态,以此透视出近代知识分子对于国家前途命运的关心。

王承传《日记》内容是丰富的,甚至有些庞杂,它为我们提供了大量的历史资料。如代北京订购汽车,其中有慈禧太后乘车数辆,制作精细,呈紫红色,两旁各有双龙,内设椅数位[①]。根据王承传《日记》的侧重点,我们把研究的目光集中在以下三点:

(一) 德报中的日俄战争

除了日常使馆的事务性工作,如整理账簿、接待各省派来学习的留学生、参观考察德国的军事工业以及闲暇时的参观游览,《日记》中,王承传自始至终关切的是有关在中国国土上俄日进行的一场利益之争,作为一个深受儒家传统文化教育的外交人员,他感受到的是一个国家因贫弱而受侮的屈辱,甚至是愤怒。光绪二十九年(1903)九月二十七日,这一天,王承传颇感震惊,"阅报惊悉中俄队伍已在满洲境内开仗,不知实否"[②]。因为没有清政府的通告,王承传对于德刊的报道,还是持怀疑态度的。次日,"阅报知中俄战事尚不致有"。此事件反映了德人对俄国所持的态度,德刊对于日俄战争的报道,是倾向于日本的。

光绪二十九年十一月二十日,《日记》告诉我们:"近数月以来,洋报无日不载东亚之事,多谓俄日将失和,中韩坐失利。究竟如何,现无人能料也。"[③]日俄战争爆发后,急于得到战事消息的王承传马上采取了措施,"凡关中、日、俄三国情形者,均由各报剪下寄来,合计一

① 《日记》,光绪二十九年八月初二日。

② 《日记》,光绪二十九年九月二十七日。

③ 《日记》,光绪二十九年十一月二十日。

年费一百马”。[①] 所以,《日记》为我们保留了大部分当时德国报刊上关于日俄战争的相关记载。随着战事的推进,德刊纷纷争先报道,王承传记入《日记》中的有64条之多。这里并不包括王承传和其他人谈论战事的记载。

德报所载关于日俄战争的新闻,有的并不是第一手材料,所以很难辨别真伪。“今日报载俄日战事可化为乌有,因彼此皆以孔方兄不能听命也”[②]。亦不乏道听途说之报道,王承传感叹道:“日俄战信,仍似日利于俄,真消息恐各国皆难得耳。”[③]由于德国政府采取了亲日的政策,深受政府态度影响的德国民众充分表达了对于日本的支持。

光绪三十年正月元旦晚八点,王承传、星使、张养田、荣宝臣赴德皇宫舞会,“德皇与俄使谈极久,后亦与星使及日本公使各一谈。大约系东方战事也”,德皇长子与星使晤谈良久[④]。次日记曰:“终日未出门,宪太夫人来久谈。日俄战事日内仍无实在情形消息。昨在皇宫所见日人,似不似前次之性高例采也。”[⑤]由于有德国的亲厚和偏袒,日本使臣并不隐瞒军队战胜时的喜悦;关注东亚利益之争的日耳曼民族,闻知日本战场的胜利,亦不免欣喜:“闻辽阳昨为日人攻破,俄兵北退,日俄各阵亡逾万。德人多喜形于色,为日庆。”[⑥]光绪三十一年,德国皇子完婚,日本亲王夫妇抵柏林,特来致贺也。德皇皇子等皆赴火车站迎迓。四月二十六日记曰:“车经街市,人多致敬,且欢呼日本高升。”民众亲厚日本的政治热情,是德国政府政治倾向性的

---

① 《日记》,光绪二十九年十二月二十六日。

② 《日记》,光绪二十九年十一月二十一日。

③ 《日记》,光绪三十年正月初四日。

④ 《日记》,光绪三十年正月初一日。

⑤ 《日记》,光绪三十年正月初二日。

⑥ 《日记》,光绪三十年七月二十三日。

直接表达。日本一直把德国看做自己的老师，甚至是亦步亦趋地学习德国模式。在二战中，这两个国家能够结成轴心国，就不足为奇了。

中国和朝鲜是日俄战争的两个直接受害国，它带给中国人民的是屈辱，而给朝鲜带来的是几近亡国的灾难。光绪二十九年十二月二十八日记："早接北京外务部来电，谓二十七日有上谕，中国以与日俄皆有邻好，两国现已失和，我国惟有遵守局外之例，惟中国土地两国皆不得侵越等语，并望转达德外部。"一场极具破坏性的战争，在自己的国土上展开，不仅要严格保持中立，不敢置诸一词，且要屡屡声明无偏袒之心，这是何等的悲哀啊！光绪三十年三月二十一日记："洋报谓华人观日胜俄，大有乘机攻俄之意，故星使执之于某馆主笔，曰：'我政府于局外例始终遵守，万无二心。至于民间有仇俄之意，政府当加意阻之，使不为乱也。'"光绪三十年四月初一日又记："近因各报讹传，疑中国于日俄之役有所偏倚，此等无稽之言，于大局甚有关系，故昨日北京外务部来电，托星使向德外部确切声明'中国严守中立，始终坚持不改初旨'云云。"[①]次日，驻德使馆便函告德国外务部，"中国始终守局外也"。光绪三十年十二月二十日记："外务部电，为俄国称中国有不守中立者五，我国又指俄有违背中立例五，洋洋数百言，不过告各国勿疑中国有助战日本耳。"

软弱的任人凌辱的清政府，媚洋的丑恶嘴脸暴露无余。孤立无助的晚清政府，得到所谓友邦的一丝微笑，便欣喜若狂，以为抓住了一根救命稻草。

> 阅洋报，北京满人将条陈政府，简拔钦差赴欧美各邦求助，俾日人归还东三省于旧主等语，不知此语确否。[②]

---

① 《日记》，光绪三十年四月初一日。

② 《日记》，光绪三十年八月十四日。

前日德宫宝星会面告星使，谓俄称中国有破中立例，美廷来商，德皇颇关爱中韩，总求保全中国大局为要义等语。上意甚欣悦，并电致谢。[1]

前以日、俄两国不幸失和，本政府时深惋惜，现闻将开和议，复修旧好，本政府不胜忻幸。但以此次失和，系在中国疆土用武，现在议和条款内倘有牵涉中国事件，凡此次未经与中国商定者，一概不能承认，除电驻日、驻俄两使臣，向日、俄两国政府声明外，并请贵政府查照等因，希即照会外部，并转和外部。[2]

国家实力决定了一个国家和民族在国际事务中的角色定位。任人宰割和凌辱的清政府，把保存领土完整和维护国家利益的希望寄托在虎视眈眈的列强身上，无异于痴人说梦。利益之争诱发日俄战争，战争之后的利益分割并不是清政府所能左右的，更不会顾及清政府的态度。丧权与辱国是晚清政府的政治标签。所以，清政府的列国祈求，注定要失败的。

这场战争的另一个受害国是朝鲜，日俄战争中，日本首先侵占了朝鲜，接着马上宣布朝鲜由日本保护，亡朝之心昭然若揭。在王承传的日记中，即在外交上，我们深切地感受到了一个国家的屈辱。

阅洋报，朝鲜已归日本保护，因失自主之权，倘将来日为俄所败，恐朝鲜亦将不国于地球上矣。[3]

阅报谓“韩王拟派驻各国使臣、领事一律撤回，归日本代办”

① 《日记》，光绪三十年十二月二十二日。

② 《日记》，光绪三十一年六月初五日。

③ 《日记》，光绪三十年正月初十日。

云云，不知确否。[①]

朝鲜驻俄京李钦差将调回，其外部，日人代聘美员为顾问官。盖韩国内政近归日人掌握中矣。[②]

至此，王承传感叹道："朝鲜从此外交、理财二事皆须请命于日本。"[③]外交和财政尽付于他国，这个国家已是名存实亡了。迫于国际压力，日本对于朝鲜地位问题的处理显得期期艾艾，不敢断然将朝鲜划归日本。所以，王承传给我们留下了这样的记载：

报载日韩约已成，昨在韩京逼韩王签押，向后外交由日使代理，内政派日总督一员监理，惟仍云韩国不失自主之权，不知何解。[④]

今日有外务部咨，闻上年冬月准日本内田使照称，订立日韩协约，将在各国韩国使馆、领事馆一律裁撤，该馆事务移日本使馆及领事馆办理等语。[⑤]

弱国无外交，在王承传的《日记》中体现得十分具体明显。日俄战争中几处于亡国状态的朝鲜，外交事务听命于日本，内政事务由日本监理，正是出于战争规律，或者说是弱肉强食的国际法则。

战争就是政治，利益是一切政治的出发点和归宿。远东的利益

① 《日记》，光绪三十年七月十八日。
② 《日记》，光绪三十年七月二十三日。
③ 《日记》，光绪三十年七月二十六日。
④ 《日记》，光绪三十一年十一月初二日。
⑤ 《日记》，光绪三十二年正月初七日。

纷争使日俄水火不容；然而战场上残酷厮杀的对手，转瞬之间，又笑语嫣嫣，握手言和。王承传告诉我们，报谓："俄、日将来有联盟之意，盖欲以此合力，以拒德、英、美三国也。"①

作为弱国外交的一名使员，王承传有着切身的感受，这种感受是痛苦和无奈的。"阅报载俄黑海欧德萨海口及俄东海黎堡海口均有兵舰作乱犯上，舰官被戕，民房被焚，商民惊慌异常，援兵尚未至，成乱党矣。近来地球东西，安靖土甚寥寥。俄日之役，关涉中国、朝鲜；又摩罗克之事，德、法、英、日（司巴尼亚也）皆与□，瑞典、那威解盟之事，尚难安然了结，马加国已欲尤而效之。由是以观，环球从兹无相安之日矣，可奈何！总之，首恨中、朝不能自强自立耳！"②忧国之心，于兹可见。

（二）接待清廷专使访德

中日甲午战争的失败，以及八国联军的长驱直入，使国人看清了外强中干的清政府的本质，清廷"量中华之物力，结与国之欢心"签订丧权辱国条约的丑恶行径，激发了有志之士革新变法的坚强决心，迫于朝野的压力，清政府于光绪三十一年（1905）十一月派遣戴鸿慈、端方等五大臣到东西洋各国考察宪政。

光绪三十二年（1906）二月十三日，戴鸿慈、端方等一行考察人员从英国到达柏林。自荫昌以下，湖北、江南、四川留学生，及戴、端专使先行到达柏林的参随、武官数人，到火车站迎接。"七钟半车入站房，星使登车晤两钦使，星使军服，专使亦衣冠，年皆约五十左右。下车后分乘马车入官栈"③。戴鸿慈将考察的大部分经历记载于《出使九国日记》之中，参与接待考察宪政大臣工作的王承传，也记录了专

---

① 《日记》，光绪三十一年六月十九日。

② 《日记》，光绪三十一年五月二十八日。

③ 《日记》，光绪三十二年二月十三日。

使在德国的一些行程，可补戴鸿慈《出使九国日记》的一些不足。

光绪三十二年(1906)二月二十二日，王承传记曰："今晚德皇之堂弟 Friedrich Leopold 福礼留伯尔特亲王(德后之妹即王之妃)招饮，五钟后同张养田随星使赴车站，备有专车在彼等候。登车后，见二专使戴、端及参赞伍昭扆、刘仲鲁、冯玉潜，又前上海德总领事克纳贝、前汉口领事延乃则、前德使署华文译员博尔希，又水师提督盖司拉，均已到。六钟一刻展车，行约半钟，抵波磁打木该亲王府宫。大家分乘宫车四辆入府。王偕妃迎于厅内，各握手为礼，小议片刻，即入席。酒肴各八九种，席间置印度之银器，多盛鲜花。席散后立饮、立谈刻许。余与王及妃各谈片刻。妃亦极谦和好客，王曾两次游历中华，携回东方物件甚夥，王导大家往观。九钟辞出，各握手言谢。王亲送至门首，候车行，始进车间，同接待员谈北京情形数事。九钟三刻，抵柏林，遂各分道归。"参加亲王晚宴的人员、过程以及规格都有清晰的记录，同时宾主之间的融洽和谐表露无余。

戴鸿慈《出使九国日记》曰：二十二日，晚六时，"与午帅、荫使带参随四人，乘汽车往波士德姆(Potsdam)，赴福得利亲王(Prinz Freidrich)之约。其王妃出陪，主客凡十四人。十时三十分回寓"[①]。记载非常简略，同时人员也颇有出入。由王承传《日记》可知，考察大臣带参随 3 人，驻德使馆还有 2 人参加。

王承传称福礼留伯尔特亲王，戴鸿慈称福得利亲王，即《清史稿》和《东华录》所记的德国福亲王，其于光绪三十一年来华，三月初四，慈禧太后和光绪皇帝在乾清宫召见，并赐以头等第二双龙宝星。王承传记曰："王曾两次游历中华，携回东方物件甚夥。"[②]陪同亲王宴请专使的人员，亦曾有访华经历，这在某种程度上有利于营造宾主之间的谈话氛围。

---

① 戴鸿慈：《出使九国日记》，长沙：湖南人民出版社，1982 年版，130 页。

② 《日记》，光绪三十二年二月二十二日。

光绪三十二年(1906)二月三十日,德国皇帝接见了戴鸿慈、端方以及驻德大臣荫昌等人。《出使九国日记》载:"早十一时三十分,与午帅、荫使,带参随十七员及盖士恪提督、坡亚士翻译,往皇宫觐见。……外部大臣引入,至皇座前,行三鞠躬礼。余捧国书宣读颂词(词与美国略同,今略),由坡亚士翻译讫,乃捧国书登座,呈递如礼。德皇坐受讫,乃复致答词。坡译云……余等答谢,复一鞠躬而退。导者引入旁室,拱立以俟。无何,以头等王冕大十字宝星二至,宣德皇意,畀余及午帅。佩戴讫,德皇旋至,略一握手展叙,即偕至次殿,谒皇后如礼……席次,复畀荫星使宝星一枚,并拟颁觐见参随各员宝星有差。"①

作为驻德使馆二等秘书的王承传亦在被召见之列。是月二十八日记:德外务部来人告知,"德皇已订专使受见日期,除专使及其参随二十人外,尚有星使,及余与养田兄亦应同往"。王承传亲见了德国威廉皇帝接见戴鸿慈、端方的场面,记载如下:

> 午刻十二钟半,随专使及星使并专使参随十八员诣德宫,官兵站立两旁鼓乐迎接,抵一厅少息,遂觐见,鱼贯而入。进殿后一鞠躬,至德皇座前再一鞠躬。大家分前后站立,皇坐宝座,手握军规,端坐不语。座旁立武官多人,及数部大臣。戴尚书作诵词,德署译员译德,再向前进步鞠躬,呈递国书。皇接书后,乃交座左礼官。礼官以德文译稿呈皇,皇自高声诵读,译员再以华文照诵一通,礼毕,后退数武,鞠躬,再退,再一鞠躬,乃入他殿小息。少顷,礼官携官冕宝星三面,皆头等,分赠专使及星使。无何,皇经过此殿,握谈片刻,星使等则谢赠宝星之意。再进一殿,德后及太子、王妃、宫女皆立候,与专使各握手为礼……②

---

① 戴鸿慈:《出使九国日记》,139－140页。

② 《日记》,光绪三十二年二月三十日。

戴鸿慈、端方等人递交德国皇帝的国书,王承传亲自译成德文。国书原文不见戴鸿慈《出使九国日记》,而王承传《日记》载之颇详:“大清国大皇帝敬问大德国大皇帝好,中国与贵国通好有年,交谊曰臻亲密。夙闻贵政府文明久著,政治日新,凡所措施,悉臻美善。朕腾念时局,力图振作,思以亲仁善邦之道,为参观互证之资藉,特派(户部右侍郎戴鸿慈、湖南巡抚端方)前赴贵国考求政治。该大臣等究心时务,才识明通,久为朕所信任,爰命恭赍国书,代达朕意,惟望大皇帝托诚优待,俾将一切良法从容考究用备,采择施行,寔感大皇帝嘉惠友邦之至意。大清国光绪三十一年(皇帝之宝印)八月初九日。”[①]宫中设宴款待戴鸿慈、端方等人,席间谈及政治与武备情况,德皇意味深长地说:“今日之要莫如练兵,当请贵国皇帝崇尚武备,以一身当提督军旅之责,国势自强。”又言:“变法不必全学外国,总须择本国之所宜,如不合宜,不如仍旧。”[②]

光绪十五年(1889),德国人在华开办德华银行,总行设在上海,并在青岛、济南、天津、汉口、北京等地设有分行,甚至在中国发行银两票和银元票,也参与对华贷款活动。清政府专使到来,他们积极表现自己的诚意。戴鸿慈的《出使九国日记》载:三月十二日,晚七时,“德华银行就本栈邀饭。代表人缪拉(Mueller)主席,同席六十九人。席次致颂,余答谢之。席后观电灯影戏,演男女歌唱状,以留声机器按拍合之,有声有色,妙造自然,此又影戏之特色者也”[③]。《日记》也记载了此事,曰“德华银行主招宴,同席约六十余人,专使及其参随二十人,星使及馆员六人。席间正副行主作颂词,专使戴公亦各答,佛尔克君、福兰格君译汉译德。席散后,观连弹唱活动影戏刻许。十一

① 《日记》,光绪三十二年二月十四日。

② 戴鸿慈:《出使九国日记》,141 页。

③ 戴鸿慈:《出使九国日记》,166 页。

钟半散归”①。

光绪三十二年(1906)二月二十九日,戴鸿慈赴驻德使馆晚宴,得到外务部来电:“‘丹国请往游历,奏奉谕旨允准’等语。即回电:遵旨前往。”②《日记》三月十九日记曰:“发长电致外务部,为专使赴丹麦国游历考察政治事。”两者颇有出入,不知孰是,或非一指。

戴鸿慈、端方到达柏林时,正值荫昌、王承传收拾行囊,准备移交使馆事务时期。三月二十二日,拜会荫昌之后,次日赴丹麦。四月初一日,新任出使德国大臣杨晟到达柏林,四月十二日,荫昌、王承传一行启程返华。

(三) 柏林大学教育状况管窥

王承传在《先妣陶太夫人行略》云:“国内大学毕业后,又命负笈入德国柏林大学。”③随荫昌出使德国柏林之后,王承传并没有直接进入柏林大学学习,而是私自请人教授法文、律法。光绪三十年(1904)九月初五日,王承传开始学习大学堂即柏林大学《听讲条规》,日记中写道:“此堂建于千八百零九年,内容七八千人,其总办一年一更,外有国家特派专员一,与总办合理。内中讲课教习分官派与私授,听讲之人分常年学生,或听讲外客,外客之中有年长位尊者。各人应出之费略同。计分四科:曰律学,曰医学,曰教务学,曰哲学(或性理学)。听讲从便,选师择课。课有应出费者,亦有官费之外不再取费者。”④

九月十日,王承传赴柏林大学拜谒总办博士海德维希投递荫昌的信函。次日午刻,王承传来到柏林大学注册听讲,进门票费十八马

① 《日记》,光绪三十二年三月十二日。

② 戴鸿慈:《出使九国日记》,139 页。

③ 王承传:《先妣陶太夫人行略》,铅印本。

④ 《日记》,光绪三十年九月初五日。

克。“听讲者数十人，均聚一厅内，总办海博士偕数员坐堂中案首。余入厅投刺，少顷乃唤余名，与帮办谈数语，遂凭注册付费。后海君向大家立谈片刻，不过劝勉之辞，后握手而别”①。

进入柏林大学学习，是在这次听讲之五天后，即九月十六日。《日记》曰：“早，赴大学堂付学费并注册，计理财学每星期四小时，季费二十马，史学一点钟十马，又讲堂费五马，医药费二马，听讲生堂费五十分，共计三十七马五十分。外官课国法学一钟，不取费。所有钱数均由司账者登入报名簿内，外附私课收条，须自填写。至听课时，面交该教习，报名簿亦请伊验字，并求书载座位号数，俾每次得坐原位也。”②此时，王承传到达德国已近三年了。

20 世纪初，柏林大学设置的学科从上文约略可知。而具体开设的课程，在王承传无意识的记载中，我们还是可以了解的：光绪三十年九月十七日，“午后四钟至六钟，在大学堂听讲。教习名瓦格那，年约六十，白发，戴双付眼镜，口齿尚清，所讲系财政学大纲。听者约三百人，堂已满，女郎计三人，余座位系第四十六号。讲毕，已付脩金之人前去请瓦君登名于报名簿内，座位亦填入”③。二十三日，听讲《欧洲立国新旧史》，博士名恨财，年约四十余。二十六日午后，听讲《美洲史记》。十一月初六日，听讲《欧洲国史》。十一月十三日，在大学堂听讲《欧洲史》，“晚，赴律例财政会听演说，所演系欧洲银行原委及其通行股票律等事”④。据此可知，王承传在柏林大学接触到了股票的相关知识，也是清政府较早接触股票知识的官员之一。

光绪三十一年，王承传继续在柏林大学学习。三月二十七日，赴柏林大学付学费，“计官课、私课各二门，公法学及欧洲史学系私课，

① 《日记》，光绪三十年九月十一日。
② 《日记》，光绪三十年九月十六日。
③ 《日记》，光绪三十年九月十七日。
④ 《日记》，光绪三十年十一月十三日。

计费三十马；官课二，一为俄在东亚洲，一为英国海军及商榷"[1]。

德国柏林大学当时课程的设置既有传统知识的延续，亦有现实课程的临时设置，体现出了课程设置的灵活性。然而，对于王承传来说，这些课程在国内闻所未闻，完全是新鲜的知识，儒学和西学的落差，他或许感受得最为明显。

从《日记》记载来看，当时柏林大学的规模已经非常庞大，接纳世界各地的学生，承担起科学传播和文化传承的历史责任。光绪三十年十一月初十日记，本年冬季柏林大学生徒共计 7774 人，较上年冬季多 271 名，较上次夏季多 1678 名。在柏林大学学习者，有德国各邦送来的，有来自欧洲各国的，也有来自其他洲的受学者[2]。其中中国留学生人数少得可怜。光绪三十一年正月初四日，王承传在柏林大学听讲完毕，购得柏林大学本季"人员及士子名册一本，内载姓氏、里居、所习何专门、何时入校以及何洲何国、共有几人，无不了如指掌。中国此次连余共五人，前时尚不及此数也"[3]。

光绪三十年九月十日，王承传进入柏林大学学习，光绪三十年十一月十五日，柏林大学放假，次年正月初五日开学，实际放假 50 天。光绪三十一年二月初二柏林大学再次放假，三月二十七日开学，放假 45 天。光绪三十一年七月初二日记："大学校功课，今日多半停止。下届是否接读，现难预料，以顷察阅课本所定时刻，多不合宜也。"[4]这一年的八月二十四日，王承传等人开始收拾行囊，数月之后归国。王承传在柏林大学实际学习时间实为六个多月，前后持续时间将近一年。同时，根据以上记载可以看出，七月份至九月份柏林大学还应该有个假期。也就是说，当时的柏林大学实行的是三学期制。最长

---

① 《日记》，光绪三十一年三月二十七日。

② 《日记》，光绪三十年十一月初十日。

③ 《日记》，光绪三十一年正月初四日。

④ 《日记》，光绪三十一年七月初二日。

的一学期有百天左右，最短的一个学期，不足一个月。

像王承传这样有志于学的中国人，在柏林还是十分少见的，虽然国内各省不同程度地派遣学生到德国学习军事工业需要的各项技能以及军事技术，但都是专司学习的。王承传是驻外使节，公余进入学校学习，如此勤勉的治学精神也令德国人感动。王承传不无得意地在《日记》中写道："今日柏林星期报第五十二册刊有余之小照，并附数言，略谓'随节驻德四载，今将内渡，在此公余尚赴大学校听讲，寻常往来亦多文人学士'云云。"①

光绪三十二年五月初七日上午九时，袁世凯接见了回国的王承传等人，并且询问王承传"学业何门，愿就何西席，或文或武"，王承传以"在学堂习武兼习语言，赴德使署后，未请求武备，不过留心公法、财政、交涉"作答。不久，袁世凯委任其为洋务局德文翻译。

清政府规定外交公使及使署工作人员，任职期限为三年。王承传使德四载，已经是超期任职了。从《日记》可知，欧洲一些国家的驻外大使任职期限较长，有的甚至是终身出任外交使节。光绪三十年二月二十六日记："瑞士国驻柏林公使罗特君前日病故。今早午，在某礼拜堂成丧礼，星使亲往吊唁。罗君年六十八岁，驻使柏林二十七载，德、瑞邦交赖以安之。"光绪三十一年十月二十一又记："昨日为德联邦巴宴国驻柏林公使周满二十五年佳期，同寅联名备宴致贺，男女到者共二百余人，首相亦在□。西洋公使驻扎系无定期，人地相宜者，历十余年，二三十年不等，非似中国俗尚，每三年必更换，用意不解其故，故邦交亦[无]从联络也。"显然，王承传对于外交使节的频繁轮换是颇有微词的。

王承传不仅具有勤于处理日常事务、逡巡于歌舞场、往来于大学校园的风流才华，还有着精明的商业头脑，他在《日记》中提出："西洋妇女衣服所用花边（德名施匹磁唉），上等真货惟出自法、比两国，其

---

① 《日记》，光绪三十一年十二月初六日。

价极昂。德邦南境虽亦能仿造，然系另样，不可与法、比真货同日而语。倘中国能派幼女赴彼处学习其法，以中国所出之丝制之，工料自必较廉，出口销之于欧美，获利定无疑矣。”[①]可惜，在国家贫弱时，这一有着极大商业利益的经济活动是无法实现的。又光绪三十一年十一月初三记：“早，有青田县售石头商人四，来求护照。与一谈，得悉此货获利甚厚，虽此间开销甚大，然尚可有盈余，大约有一本十利之势也。”

在“师夷长技以治夷”精神的感召下，19世纪60年代，一部分思想先进的国人终于从自我封闭的拘囿中走了出来，开始游历日本、美国、欧洲。派员出使泰西成为清政府向外观望的信息窗口。游历者和出使者以新奇的目光打量世界，将亲身经历、异域见闻，写进自己的日记。日记便成为一个时代的风尚。据王承传在《日记》中记载，他曾阅读过王咏霓[②]《道西斋日记》、钱德培[③]《欧游随笔》、薛福成[④]

---

① 《日记》，光绪三十年九月十五日。

② 王咏霓，字了裳，号六潭，黄岩兆桥人。光绪庚辰(1880)进士。光绪十年，随侍郎许景澄使欧，历经意、奥、德、荷、法、英等国，历三年之久。李鸿章督直隶，奏保直隶州知州，随使回国。著有《道西斋日记》两卷。

③ 钱德培，字琴斋，号闰生，北京大兴人。于光绪三年(1877)随使德国。十月自上海莱法轮经香港、西贡、新加坡、亚丁、苏伊士运河、意大利、巴黎等地，于十二月抵德国柏林，光绪九年回上海。著有《欧游随笔》一卷。自光绪三年至九年德国发生的大事均见诸记载。

④ 薛福成，字叔耘。光绪十五年(1889)，时任湖南按察使的薛福成奉命担任出使英国、法国、意大利、比利时四国大臣。《出使四国日记》是薛福成出使欧洲四国时期所写日记的一部分。始于光绪十六年(1890)正月，至十七年二月止。

《出使四国日记》、许景澄[①]《日记》、徐建寅[②]《欧游杂录》、曾纪泽[③]《使西日记》等。如果将当时国人日记有关德国社会的记载，进行集中的考察，我们将得到19世纪末至20世纪初德国社会发展的立体景观。

日记原无公元纪年，为便读者，特意添加；在整理过程中，我的硕士生吴程玉同学付出了很多努力，再次表示感谢。

整理者

王洪军

---

① 许景澄，字竹筼，浙江嘉兴人。同治七年进士。1884年任出使法、德、意、奥、荷五国大臣。1890年又任出使俄、德、奥、荷诸国大臣。

② 徐建寅，字仲虎，江苏无锡人。光绪间充驻德使馆参赞，官至宜隶道员。著有《欧游杂录》一卷。此书以日记体记录使德途中见闻及外交活动。约六万字。记事始于光绪五年(1879)五月，止于七年八月初一日。

③ 曾纪泽，字劼刚，湖南湘乡人。1878年出使英法。1880年兼驻俄公使。著有《使西日记》二卷。

日记　卷陆

在柏林记

光绪癸卯（光绪二十九年）六月二十八日起至十一月十三日止

（1903年8月20日—1903年12月31日）

光绪二十九年癸卯六月二十八日（1903年8月20日）　晴。早，接外格耳女郎一信，邀晚餐，因有他约，故函辞。晚，同亚君赴南城某跳舞场一观，遇相识数个。回乘新修成之汽车，返至某茶馆小酌。十二钟回署。接施玉德一信，借款尚不能归还也。

六月二十九日（8月21日）　晴，微雨。早，晤某德商良久。午后，写信数封，灯下看书数页。枚君送货来馆，与一谈。

六月三十日（8月22日）　阴雨。侵晨起洗澡，因西人云，饭后洗之于身体有损也。（英前相沙侯逝世，晚九钟半）午后，上街一游，顺道至湖边小步。适大雨，后署校拟电报，请馆中经费四万两。晚，访马培夫未遇，乃至城内酒馆一坐，观野人男女各一，系产自北美国，此种人类现仅存二人矣。能土语，听之如诵经，然且稍通英吉语，年五六十，行动不甚便，其鼻大而湾，真奇像也。十二钟回署，又遇大雨一次。今日存那大人等各一信片，系自黑司考城发者。

七月初一日（8月23日）　晴，晚大雨，雷电交加，夜半不息。早，阅报知英前相沙侯逝世，年已七十三矣。英人甚戚悼之。午后，同亚君、施女郎赴大树林一游，后又至榖木晚饭。游人甚多，男女各半。十钟大雨，时皆拥挤廊下，十二钟仍未住，遂冒雨返署。

七月初二日（8 月 24 日）　晴，晚微雨。作致毛大夫及其岳家各一信，应赴完姻宴也。写发薪水簿一页。太夫人在坐良久。

七月初三日（8 月 25 日）　晴，微雨。午后，赴银行取钱，[晤]墨森君刻许。晚，同亚君及二女郎摇船一钟半之久，虽无月色，亦另有别趣。十钟回署，作法、德字信各一件，一钟就寝。午后，往拜勒君未遇。

七月初四日（8 月 26 日）　晴，夜雨。午，勒君来回拜。晤半刻，晚七钟，赴勒君之约。先至客栈，见其夫人及其一子一女，遂同至冬天花园戏馆观剧。系坐包厢，即在彼晚餐，散后同至栈房一坐遂返。接张梓材一信，述补照事。

七月初五日（8 月 27 日）　晴。午后，勒君偕其夫人及其子女来馆搭拜，遂至星使客厅一坐。勒夫人及其女各扶洋琴一段，两小孩合唱曲一，颇佳。余赠勒夫人及其小女各花球一枚，并约同明晚赴戏院观剧。后至星使处一坐。晚，宪太夫人在谈。灯下写信片二，看报时许。

七月初六日（8 月 28 日）　晴。晚七钟，勒君邀余同养田赴某大戏园观剧。七点半抵园，其眷属已在候，系坐楼正面。所演系一故事，山水各样画景极好。十钟散，至花园便酌，遂与勒君及其眷属握别，各盼将来在英京伦敦再见。乃同养田乘高车返署。一钟睡。

七月初七日（8 月 29 日）　晴。早八钟，洗澡，同星使一谈。午后，致勒君一信，并赠给余之小照二张。晚，访马塔未遇，遂往黎雅家一坐，谈甚久。

七月初八日（8 月 30 日）　晴，冷。早十二钟，回署，黄碧湾来一谈，在馆午饭乃去。看报时许，灯下作洋字函数件。就寝稍早。

七月初九日（8 月 31 日）　晴，风，微凉。早接家书，知家中人口平安。午后，戏空中刻许。授德文课时，仅宪太太一人，因海禹臣将要回华，无心向学矣。晚同施女郎闲步时许。作灯课至十一钟半就寝。

七月初十日(9月1日)　晴,冷。终日未出门,葛君来谈良久,作灯课时许。

七月十一日(9月2日)　晴。午后,同养田、宝臣出门摇船一小时。今系德胜法赛当城之日,街上游人甚多。晚,作灯课良久。昨日系德国秋操之日,各国钦差人员多往观,惟缺我华人员耳。

七月十二日(9月3日)　晴,暖。午后,看德文小说数段。晚,戏空中刻许,作洋字函数封。灯下写信片数张,系致那总荫治武者。

七月十三日(9月4日)　晴,暖。早,接张梓材一信,并代拟咨文底稿一份。午后,养田为余同葛君拍照,计两次,一立一坐。光甚好,余着便服,手握团扇。晚,宪太夫人在久谈。作灯课半时,子正睡。

七月十四日(9月5日)　晴,热。午后,写法文信。晚,赴黎雅家,晤其女东良久。在廊台月光下坐至十一钟,始就寝。接奇夫人一信,因分量过例,罚四十分。

七月十五日(9月6日)　晴,热。午后,同亚君及法女郎,乘马车至树林某酒馆一坐,后又赴林内一游,性步回馆晚餐。晚,仍同原人赴莱尔敦酒馆听乐,人甚多。盖系星期,气候复转热也。十二钟就寝。

七月十六日(9月7日)　晴,热风。终日未出门,看报修洋字函良久。就寝略早。

七月十七日(9月8日)　晴。早,接碧桃一信,并伊相片一张,系前二年照,容颜颇可人,发佩肩左右。因信包分量过例,又照例罚二十分。今日湖北学生十名,因与洋口角,决意移出,故皆来馆面禀星使,求准各人另觅学房。午后,看书,终日未出门。黑大夫来看余右腿癣疾,谈刻许。宪太夫人及宪夫人来房一坐。作灯课时许。(湖北学生今日移出欧嘉棣寓,入客栈)

七月十八日(9月9日)　晴,午后大雨。晚,同亚君门前小步,时适大雨,遂赴茶馆一坐,十钟前回寓,作灯课良久。

七月十九日(9月10日) 阴雨。早,金楷理自歇夏归。午后,往拜毛君岳家诸人,坐谈片刻。新妇年约二十,容颜尚可,其父母年皆六十左右矣。尚有他三女郎皆喜事时同往者也。后至大铺购物,晤林君刻许。往返皆亚君随之。作灯课时许。

七月二十日(9月11日) 晴阴参半。终日未出门。午后,葛君来授课。作灯课良久。读祝毛大夫颂词数通,就寝稍早。

七月二十一日(9月12日) 晴。午后三钟赴教堂。毛大夫今日完婚也。四钟入讲堂。男女七对,余居第四对,排立两旁,新妇夫携手由中间行过,直赴台上,在新夫妇之前,导以三四岁男女小孩一对。登台后,新夫妇即坐二椅上,面向堂上,上有耶稣像一座,余等七对亦随后来堂上,系男女各分左右坐。其余男女皆坐堂下。然后操风琴,对面楼上有一女唱歌,后教士着黑道袍来堂上诵经良久。大意总在男女婚嫁之后,生死、患难、喜恶皆当共之,彼此不可有二心也。后大家同声颂祷,又操风琴,教士乃为新夫妇戴以戒指,并各谈愿意彼此成为夫妇,皆应以 yoo,并跪下受教士祷礼刻许,乃复成对下台。余等仍携幼女随后行之,出门各乘马车赴某大酒馆。在彼,大家为新夫妇及其家人贺喜,立谈刻许。遂各同派定之幼女入座,新夫妇居上中,两旁夫之父母,再妇之父母,再某提督二人。余坐正中首座,距新妇最近,席成笔架式,约八十人,男略多于女。席上肴,以花饰酒菜,计十余种,每上菜一次,间以洋乐及唱歌及颂词、演说,兼以小戏,演谈者甚多。余亦立说数语,大致颂祝新夫妇两爱相孚,百年偕老之意。十一钟席散,入茶房小饮,请而未到者,皆有电来贺喜,宣读各电约历一小时。十二钟起跳舞,余亦请同席女郎跳舞一周。寒暄刻许,乃不辞而别,因已夜深矣。闻新夫妇今夜或明晨即出游义大利,约数礼拜乃返,盖西俗如是也。(赴毛大夫完姻宴,兼观礼拜堂行礼等事)

七月二十二日(9月13日) 晴,夜微雨。晚,门首闲步,听乐刻许。作致毛大夫一信,并余小照一张,后至马塔家一坐。十二钟回署。

七月二十三日(9月14日)　阴雨，冷，宜服重棉。早，某洋人来除房间内之樟虫，用粉药涂于墙脚下，樟虫渐皆倒毙各处。余之卧房极多，不下百余个。德国有专人为除樟虫、臭虫者。湖北学生自出学房移入客馆后，今日已有数人移进新学房矣，星使因此事颇费心力矣。作灯课，至十一钟半睡。

七月二十四日(9月15日)　晴阴各半，冷。午后已生火，着锦仍觉冷，未出门。宪太夫人处久谈。作灯课良久。

七月二十五日(9月16日)　晴阴各半，冷。今晨海禹臣偕洋眷起身回华。晚，宪太夫人在，久坐。作洋字函数封。

七月二十六日(9月17日)　晴阴各半，终日大露连雨。午后，赴银行一走，为湖北提款事。晚，同亚君、黑女郎门首闲步，至茶馆久谈，着棋良久。

七月二十七日(9月18日)　阴，雾，冷。微伤风，就寝略早。

七月二十八日(9月19日)　晴。晚，赴黎雅家一坐，商议迁居事，伤风似减微。

七月二十九日(9月20日)　晴，星期。午后，黄碧湾来，在此午膳，后同亚君、施女郎等共四人，乘马车游树林。虽有日光，气候仍凉，游人甚多。晚，膳于某大酒馆，后至茶馆着棋良久。伴送施女郎回家，小坐乃返。时已十二钟矣。

八月初一日(9月21日)　晴。伤风仍未退，似较昨轻减。接刘文泉一信，又冯观察华甫致余与养田公信，晚宪太夫人来久谈。写月账两页。博体来一谈，在此晚膳。因体不爽，就寝略早。今日购得治伤风药一种，系药棉花塞于鼻孔内，每五分或十分钟一换，便可痊愈，气味颇不恶闻。

八月初二日(9月22日)　晴。午后，柏林车行将代北京定做之汽车驶来，请星使一阅，其式与柏林马拉之公车，共可容十余人。外有太后所乘车数辆，较为精细，外亦系红色。两旁各有双龙，内设椅数位，星使同车行人乘驶一周乃返。终日未出门。晚膳前心疼片刻，伤风虽未痊,可已轻减矣,就寝较早。

八月初三日(9月23日) 晴。早,接奇夫人一信,知已回柏林,余送以花球一个,价三马。灯下诵德文良久,伤风稍愈。

八月初四日(9月24日) 晴。早,发薪水,接勒宅自英京寄来全家相片一张,又勒夫人同子女二骑驴式一张。午后,摇船一小时,同施女郎一谈。回署晚餐,后又赴茶馆与施、亚等一聚,后用远镜窥星片刻。十一钟后返,稍息乃睡。

八月初五日(9月25日) 晴。早,缮护照良久。午后,阅欧嘉棣与湖北学生龃龉事信件。看其中之意,丁某与洋女仆有不清楚之处,致有此举。

八月初六日(9月26日) 晴,微雨,雾。午,上街一游,因雾遂同亚君、施女郎茶馆一坐,十二钟前回署,少息乃睡。

八月初七日(9月27日) 晴,星期。午后,同亚、施等赴树林闲游,饮嘎非于林内旁。晚乘车回。晚餐毕,伴施女郎归,余乃返。作灯课良久。

八月初八日(9月28日) 晴。晚,同养田赴小戏院观剧,同座有东方博物院米君,现系该院总管,通华文,人颇正。剧甚好,系犹太家小说一段。散后性步至酒馆便酌。三钟始回署就寝。

八月初九日(9月29日) 晴。午后,葛君未到课。晚,奇夫人家一坐,习法语刻许。谈至十钟乃回署。

八月初十日(9月30日) 晴。午后,上街购物。晚,同亚、施等茶谈良久,亥末回署。

八月十一日(10月1日) 晴。作致张梓材一信,述补执照事。致袁制军咨文明日可发局。灯下写家书一件。

八月十二日(10月2日) 晴。晚,奇夫人家一坐,习法文良[久]。咨文信件今日交俄火车转寄矣。

八月十三日(10月3日) 阴雨。晚,黎雅迎余于火车站,遂冒雨至其家,酒点若许。

八月十四日(10 月 4 日)　星期，阴雨。早，至野兽园一游。午后，同养田赴枚君之招。午茶毕，赴乡间一游，至野酒馆，饮皮酒一斗。遂性步至其家晚餐。十一钟冒雨回署。

八月十五日(10 月 5 日)　阴雨。十一钟，大家共十六人，为宪太夫人等叩节，余同星使仍在公事房办公，阅报看书良久。终日未出门，接贺节信数封。

八月十六日(10 月 6 日)　阴雨。午刻，星使携带洋仆一名，赴克鹿伯厂，约三日后即返。看德文书良久。晚，奇夫人家习法文二小时，冒雨往返。

八月十七日(10 月 7 日)　晴，风冷。树叶黄落。作致张梓材一信，并附相单二纸。作灯课良久，与赓参赞一谈。

八月十八日(10 月 8 日)　晴。今日系荣宝臣寿，余送以紫绒相片夹一本，绸巾一方，小照一个。晚，拉夫人约余听乐时许，约数百人。十钟即返，星使亦今晚十钟前回署，谈刻许。

八月十九日(10 月 9 日)　晴。午后，往谒柏小姐未遇，晤其母及妹良久。茶点若许，乃乘车进城一游。回署晚饭后，赴马塔家一坐，谈至十钟始返。

八月廿日(10 月 10 日)　阴雨。晚，同亚、施茶谈良久，后至马塔家看闲书多时。

八月廿一日(10 月 11 日)　晴，微雨。午刻，公宴于间壁酒馆，钦差、参赞、随员、学生共二十人，汤菜平平，共用二百五十余马。灯下看报良久，就寝略早。

八月二十二日(10 月 12 日)　阴雨。早，拟缮致唐永先生洋字函。午后，看德文小说，灯下看书数页。

八月二十三日(10 月 13 日)　阴雨。早，缮致德外交部信，因德员参议金楷理告退事。午后，上街购物。晚，勒司登送来各国美人图一本，翻阅一过，仍拟送还。灯下写信片十张，因后日乔少泉寿也。

八月二十四日(10 月 14 日)　晴。早，同星使谈时事良久。午后葛君来授课。晚学法文时许。十钟性步回署。

八月二十五日(10月15日) 晴。午刻,乔少泉参使招饮,同座计八人,伊之四十六寿辰也。灯下看书良久。

八月二十六日(10月16日) 晴。午后,德文课良久。晚,习法文两小时。

八月二十七日(10月17日) 晴阴参半。午刻,陈君自义京罗马来,拟乘俄火车回华,系义馆参赞。晚,同意尔则茶谈时许。送伊回家后,余进城一游。十二钟前回署。

八月二十八日(10月18日) 阴雨。早,同养田往拜陈翁,谈黑龙江事良久。拟今夜乘火车赴俄。午后,蒋可赞来长谈。作致碧桃一信,看书时许。

八月二十九日(10月19日) 阴雨。早,接金楷理信,知星使致伊准告退之函已收到,前并将本年中秋节敬一千马寄还。晚,同赓参赞韶甫一谈。作灯课良久。

九月初一日(10月20日) 晴,冷。午后,哈尔勒君来一谈。因欲携华仆赴美国大赛会事。写领薪水簿子及账目良久。晚,习法文两小时。

九月初二日(10月21日) 晴。午后,唉司涂来一谈。晚,出门学法文良久。

九月初三日(10月22日) 晴。午后,赴银行一走。晚,至安呢家一坐,因言语不合,遂与绝交,誓不与往来矣。接得夫人自青岛发一信,并相片一张。

九月初四日(10月23日) 晴。早,接薪水,此次银价较涨,每两合德银二马八十九分有零矣。晚八钟,赴谋大夫之邀,男人共约二十余人,女则伊亲戚二人耳。酒菜甚好,餐时大家自取,彼此闲谈甚属有趣。一钟半始回署。

九月初五日(10月24日) 晴。早,与星使一谈,现因金参赞楷理辞差,另聘德国举人夫朗克君为文案,能通华文,前系在领事署充当华文翻译，每年四千马，因夫君仍兼他差也。晚，同施、亚等小聚。

九月初六日(10 月 25 日)　晴。气甚清爽，早十点同养田应维格耳家早餐，同座共十人，一钟回署。午后，进城观五大门外新建之石像，系德皇之父母。工程甚大，其工颇精细，游人如云，拥挤不堪，诚西人好动也。后至水兽园一游。大致同前。各街巷尽游人，盖星期，又放晴光也。

九月初七日(10 月 26 日)　晴。早，夫朗克来署办事，谈良久。后投刺道拜馆员，其薪水系自本月初四日起支，故今日即付以一千马矣。接家书及彦士一信。午后，作德文课，灯下亦如之。

九月初八日(10 月 27 日)　晴。早，同洋文案福兰格君一谈。看报良久。午后，同宪太夫人、宪夫人及秋菊等四人赴维尔太木购物。六钟始回署。灯下看德文良久。

九月初九日(10 月 28 日)　重阳佳[节]，晴。午后，看德文尺牍良久。晚，奇夫人家习法文两小时。性步回署。作灯课至十二钟后就寝。

九月初十日(10 月 29 日)　晴。八钟起读法文数页。午后，灯下读德文良久。

九月十一日(10 月 30 日)　雾，蒙雨。今日系永茀生寿，送信片拜贺。早，与文案福兰格君一谈。作德文课良久。晚，奇夫人家习课时许。回时大雾如雨，衣尽湿。同养田谈往事良久。

九月十二日(10 月 31 日)　阴雨。看德文函件良久。晚，黎雅家一谈。十钟半就寝。

九月十三日(11 月 1 日)　晴，星期。午后，百兽院一游。见新到洋猪数十枚，形似鼠与兔，较兔行走甚利，极有趣。后与施、亚等茶谈时许。作灯课时余，就寝少早。

九月十四日(11 月 2 日)　晴，冷。树叶尽黄，随风漂浮，大有秋冬之像矣。午刻，黄碧湾来一坐，午餐毕乃去。作灯[课]良久。

九月十五日(11 月 3 日)　晴。晚，出门赴法文课时许。阅报知:那锡侯观察于八月十三日引见后,复于十六日召见,乃以五品京堂候补,大半得那尚书桐之力也。

九月十六日(11月4日) 晴,微雨。午后,赴银行取银,同李德仕总办一谈。晚,作灯课良久。

九月十七日(11月5日) 晴,冷。门前树木,其叶皆落,秋天气象令人思乡,大半作客者见此皆有伤怀。余因久在外,故亦不甚介意。午后,往拜福兰格先生,见其夫人,其二子女亦出见。伊眷属亦随住津京多年。其夫人年三十岁,子女约四五龄,甚玲琍。房屋虽不甚大,颇雅制,多中国器俱及中国书籍。福君现看前后《汉书》,并不时译中国故事,登发报端,留心中国古事之士也。晚,宪太夫人来一坐,送余及养田领针各一枚。灯下看书良久。

九月十八日(11月6日) 晴,晚蒙雨。早,阅报,为满洲事,中、俄、日三国交涉极多。晚,出门学法语二小时。

九月十九日(11月7日) 晴。早,理洋文字信良久。晚,赴马塔家之约,读闲书时许。

九月二十日(11月8日) 星期,冷。午刻,亚君来一谈。饭后同宝臣上街闲步,顺道至老使馆一带一观,见房屋已收为出赁矣。后至茶馆一坐。五钟回署。晚餐罢,同施、亚等赴欧潘西戏园观剧,戏名《阿裴利》,加洲之人,后为该洲女王。共分五段,灯彩甚好,多唱无白,意难尽解,不过观其大意耳。十一钟散,位皆满,盖系新戏也。

九月二十一日(11月9日) 晴,冷。早,查洋卷良久。卷久多遗失,且无号可查,欲查一二十年前之详近合同,终查不出。闻汉卷大约亦如是耳。晚,蒋可赞复回柏,与一谈。后学法语时许。

九月二十二日(11月10日) 晚,微雨。晚,出门赴学,与奇夫人一谈。作灯课至十二钟睡。

九月二十三日(11月11日) 晴,冷。午后,同蒋可赞上街闲步,遇二女郎于某戏馆,谈良久。同行至其家一坐,乃返。明日因系余之生日,故今晚已有来信片贺寿及送礼者,晚蒋兄又来一谈。(今日在某戏馆见以年十三之幼女，身高不逾三尺，其肥胖无比，腿似腰，膀似大腿，头面亦臃肿不堪，其亲生母随其左右，并说其出身。谅系穷苦之家，故来柏林卖看也。）

九月二十四日（11月12日）　（生日）晴，天气甚好。早，抠衣为宪太夫人及宪夫人行礼，因送余寿礼多种。午刻，设便酌于本署，邀同人畅饮。餐毕，养田为拍一全照式样，坐卧不一。连寿礼花饰等物均在上计开：宪眷送菜一色，点心二色，又礼四色，荣宝臣礼四色，张养田二色，金俊卿一色，蒋可赞一份，马师夫二色，黎雅一色，奇夫人一色，中外各人以信及信片贺寿者，共二十余份。晚，作家书及致黎雅一信。

九月二十五日（11月13日）　晴阴参半。发家书一函。晚，宪太夫人等来谈良久。今日微有伤风，鼻孔不通，仍以药水棉花塞之。

九月二十六日（11月14日）　晴，冷。午后，同蒋可赞上街。晚，在冬季花园观剧，同座尚有黎雅，散后至某酒馆便酌乃归。

九月二十七日（11月15日）　阴雨，冷。阅报惊悉中俄队伍已在满洲境内开仗，不知实否。蒋可赞来一谈。晚，在宝臣处谈良久。

九月二十八日（11月16日）　晴，冷。阅报知中俄战事尚不致有。午后，接张梓材一信，述九月引见到省，现仍回京，在译学馆司理文案支应。当日作一覆片。晚，同同人谈甚久。夜间身体发烧，通宵未能熟睡。

九月二十九日（11月17日）　晴。早起体乏已极，头晕眼浑，口中作苦，不思饮食。仍免强入公事房办公。午后，在荣宝臣床上小卧。后葛君来一谈。晚，宪太夫人房坐谈良久，食水果若许。

九月三十日（11月18日）　晴，雾。今日系德国布司日，即悔过日，买卖工作皆停。男女多有赴教堂悔罪者。禁止戏园，不禁音乐。街上行人亦较他日为少。午后，写账良久。蒋可赞来一谈。今日身体清爽，惟饮食尚不能照常耳。

十月初一日（11月19日）　晴阴各半。为蒋可赞兄事，作致工师达君一函，并交余银两笔，以备将来代为偿付绘图、蜡人两款，送蒋兄小照一张。

十月初二日(11月20日) 阴雨。晚，赴毕司麦客栈晤蒋可赞兄良久，并赠以德文书两本，因明日即起身东行也。后进城一游，十一钟返署。

十月初三日(11月21日) 阴雨，冷，晚大风。蒋可赞兄于今晚七钟起程，偕德员何夫曼乘俄火车回华，余因有他约，未能赴车站相送，歉歉。可兄未了之事，皆托余续理。晚七钟，应奇夫人家之音乐跳舞会。至时，同养田及博体三人前往。男女约百人，男衣燕尾青衫(或军衣)、白胸领，女皆露肩背。进门后，茶少许乃入座。听乐及唱(皆请之客，非另雇者)，后乃立餐，后再跳舞。与众客人大半立谈片刻，内多有旧相识，各国人皆有，语言亦杂，询胜会也。十二钟后，人渐散，余与养田兄亦性步归。小夜宴若许，乃睡。

十月初四日(11月22日) 晴，风冷。早，发薪水。午后，同乔少翁参使临窗小坐，观过往之人，亦乐事也。晚，星使一坐，后作灯课，至十二钟睡。

十月初五日(11月23日) 晴雨各半。晚，赴福兰格君家晚餐。七钟半，同星使及宪夫人等乘双套马车前去。同席共十人，十一钟散，仍乘原车归。

十月初六日(11月24日) 阴雨。晚，同养田赴外格尔之晚餐，同席廿余人，男女各半数，席后跳舞及作小戏良久。一钟乃散，两钟后就寝。

十月初七日(11月25日) 晴。浙人林仰奇作商来柏林，所携之货系画石竹片二色，稍解英、法、俄语言。晚，星使邀陪朝鲜公使看马戏，余因衣服不便，未果同行。灯下作蒋可赞信及洋字函数件。

十月初八日(11月26日) 阴雨。早晚各雨雪少许，随落随化。葛君夫人偕其女来谒宪眷，余亦往一谈。午后，算湖北学生半年报销底稿，灯下仍续算。

十月初九日(11 月 27 日)　晴,冷。早起见房顶积雪寸许。午后,作致英国勒夫人英文信一件。晚,接拉夫人信,邀明日晚膳。

十月初十日(11 月 28 日)　阴,雨雪交加。今日系太后万寿,悬旗拜牌,拜毕,仍照常办公。午后,覆英人勒夫人一信,述所以未能早日以英文通候之故。到德两载,以英文通书,今日系第一次也。晚,赴拉夫人家晚餐,临别时并送余木质钟框两枚。与教授洋琴女师克拉女郎同道归,一钟抵署,雪后甚冷。

十月十一日(11 月 29 日)　阴,午前雨雪。午后,葛勒芬夫人来拜星使及宪眷,余亦往一谈,坐时许乃去。葛夫人幼时曾住老使馆隔壁,与钦宪及赓参赞不时见面。因与余相遇与奇夫人家,题及故事,故偕其乃兄来馆话旧也。灯下看书良久。

十月十二日(11 月 30 日)　阴雨连雪。早,接达勒工师函,并末次补寄之图一卷,计大小十四幅,外书目两册,即日作覆,并将绘图之资贰仟马由局寄去。灯下作法文课良久。道路泥泞,终日未出。浙商林仰琪来一谈。昨函托荷国车站代查之货,至今仍未能查出也。

十月十三日(12 月 1 日)　微雪。晚,奇夫人家习法语良久。性步回署,子正就寝。

十月十四日(12 月 2 日)　晴。午后,上街。西国耶稣节在即,故各大铺户多设货赛场。晚,晤马塔片刻,乃返。灯下阅天津《大公报》,见满洲事甚急,抉裂可在旦夕也。

十月十五日(12 月 3 日)　晴,冷。外间地已冻冰。早,舒尔特(系武昌造玻璃厂之工师)来馆,与一谈。其人年约五十左右,独自乘俄火车前去。蒋可赞兄之图样均交伊手带往。其川资九百马,亦即当面点交。晚,奇夫人家一坐,习法语良久。奇夫人教法极善,惜余无多暇伏桌用功,以致功效仍少,殊觉抱歉耳。灯下阅奇夫人所赠《智利国志》时许。国居海疆,近年政治颇改良也。

十月十六日(12 月 4 日)　晴,冷。柏林冰场皆开张,早舒尔特来,因路费不敷,由余手借以德银壹佰马,并附有收条。今晚即起行矣。晚，同养田、宝臣赴柏林谈要会。进门票一马，茶谈兼跳舞，男女约百人。十二钟后返署，气颇冷。

十月十七日(12月5日) 晴，冷。午后，出门洗澡。晚，赴黎雅家一坐，作夜谈。睡甚晚。

十月十八日(12月6日) 晴，冷。午后，宪夫人处一谈。作致蒋可赞一信。

十月十九日(12月7日) 晴。午后三钟，同亚君赴柏林北乡，往观蒋可赞君所订之蜡人。共计十三盒，皆成胎及婴孩，腹内各分件以及男虫、女蛋，图形全备。共价三千六百七十马(内有九五折扣，百八十余马)，日内即装箱寄华矣。晚，同亚君晚餐毕，赴马戏园观剧。马如前，惟只添狮、虎、熊、狗之类。(本日午刻，德国得扫城一耍狮女子，被狮咬毙，年二十六岁。伊子女亦在旁视。)四周围以铁栏，观之令人生惧，实非道理也。后亚君之友安君亦来，千总职。散场之前，系一大冬天乐(名月)，驰冰为戏，幼女年在二十以内者约百人，服各色彩衣。又男人约数十人，围池跳舞。驰冰后，继以水舟，亦随波左右，甚属有趣。散后，至某农人小酒馆一坐，一切均乡间设摆，客多本地住户，闲作小戏，奇形怪状不可笔述。男女拥挤不堪，房顶悬一绸伞，上绘李傅相之像衣冠，并黄马褂。后又至某大跳舞场一观。男女约七八十人，女中亦颇有姿色者，男人不愿跳舞者，可围厅边观看，惟只可饮酒耳。性步出。后乘车返署，时已二钟矣。

十月二十日(12月8日) 晴。阅报，谓"中俄将订条约保护东三省事"，不知确否。晚，宪太夫人等在谈良久。

十月二十一日(12月9日) 晴。午后，作致张云山一信。晚，奇夫人家一坐。后作蒋可赞兄一信，附寄舒君图幅及信件。

十月二十二日(12月10日) 晴。终日未出门，作德文课，写信数封。晚，因薪水补足成，将来归装扣二成事，在乔少泉处谈良久。

十月二十三日(12月11日) 晴，早微雨。今日洋报载：接北京来电，中国皇太后有意调回驻德公使荫统制，教练洋操之旗兵云云。

惟馆中并未接政电信。然谅不能无因也。午后，同亚君进城闲步。西国冬节在迩，街上行人男女拥挤不堪。晚，仍进城，往观影戏，系瑞士山景及汉堡船行各景。晚餐毕，一钟性步归。

十月二十四日(12月12日)　阴，微雨。晚，同养田赴外夫人家晚餐。男女约二十余。二钟散归。

十月二十五日(12月13日)　晴。午刻，同亚君、安君往观德国邮政博物院。由古至今，凡关系邮政者，大约各国样式皆备。德国兴邮政者，名“师特雷”君，院内并有伊之石像。新法以镜照入人身骨肉，电汽传声流声机器，汽管递快信法、光学镜等类，另有一人专为指示一切，甚属有趣。各国新旧邮政票皆备。午后，因薪水补成事，乔少泉谈良久。晚，同德桂馨及其二世兄上街闲步，茶馆一坐。十钟回署，气候甚冷。

十月二十六日(12月14日)　阴，微雪。晚，奇夫人家一坐，作课时许。

十月二十七日(12月15日)　阴，微雪花。早林仰琪来，因货仍在义国境内，故使馆为购三等车票，并为偿付房饭费，令其直赴罗马使署，请该署设法就近催货。本馆先后共用百四十八马，拟明早起前去。晚餐毕，奇夫人家一坐。作课时许。

十月二十八日(12月16日)　晴。早，星使商请酒事，大约先请德国各部长官及各国公使。午刻，宪太夫人招饮，同座七人为博格尔女郎践行(其父德人，母曰本，妹嫁德人，伊尚待字)，下礼拜乃回华，其父母均在彼也。外客尚有赓夫人及其小姐。五[钟]始散。晚，同亚君进城购物，闲步良久。后至某戏馆观剧。夜饭罢，性步归，一钟后抵署。

十月二十九日(12月17日)　晴，冷。早，商拟请客单。某报馆主事来见星使，谈良久。去后，将星使之言，笔之于纸后，送来一阅，晚乃登之报端。不过闲谈东亚局势，无大关系耳。午后，读法文时许。

十月三十日(12月18日)　晴。早，写请帖。午后，写账数页。

晚，奇夫人家一谈，读法文良久。回署又读德文，至十二钟后乃睡。

十一月初一日(12月19日) 晴。早，缮请帖。晚，宪太夫人处晚餐，后至黎雅家一坐，赠以小座钟连寒暑一架。西国松树节，多有以礼往来也。

十一月初二日(12月20日) 晴，星期。名曰金礼拜日，前次礼拜为银。午后，买卖皆开门，至晚八钟始收。余上街为蒋君购书一种，又自购语法文书一本。午后，及灯下看书及洋报良久。就寝略早。昨夜未熟睡也。午后，黄碧湾来馆，送余小照一张，饭罢乃去。

十一月初三日(12月21日) 晴。早，缮请帖。午后，赴银行取钱，见道旁多置松树，大约中下人以上之家，必购一株，上安糖果、玩物、灯烛之类。灯下看书时许。

十一月初四日(12月22日) 晴。发薪水。早，缮请帖，系德廷各部大臣、驻京各国头、贰等公使，及德国各联邦驻京公使，共出帖约七十分。晚，奇夫人家习法语。本月松树节，又系奇夫人寿，余送以中国寄来之绣花帐沿一条，上锈百子图。伊送余各国信片一封。西节在迩，请晚宴者甚多。灯下写回信数封。

十一月初五日(12月23日) 晴。晚，奇夫人家一坐，后遇亚君，同至茶馆一谈。

十一月初六日(12月24日) 早，阅报谓中、韩队伍在高丽北境已交锋，不知系何故耳。晚，发贺松树节信片数张。晚餐罢，赴亚君家之约，往过松树节。同座共九人。松设屋阁，燃烛灯三十余盏，并做有假雪及银，系如冰冻形，谈至十一钟后乃返。亚君伴至门首乃去。

十一月初七日(12月25日) 晴，冷。有冰场。西洋大节，西十二月二十五日至二十六日两日俗名。各外国大小店铺皆停工。(报馆亦停工。)午后，毛大夫夫妇来柏林，约余至其岳家过松树节。五点同乘电汽奥头车去，老少均出见。六钟时，大家齐至一室，内设大条案，上置松树一棵，下有螺轮，可以旋转，周围皆置一切用物，间有食物，均系老夫妇分送儿女侄婿者也。内亦间有钱票、金钞者。其儿女等亦皆有礼以赠其父母。老少长幼往还，亦俗也。老夫人赠余玻璃灯一盏，余亦转赠锈花带穗手巾一条。各人细玩各得之物，皆大欢喜。七钟，老夫人携余入座。同席共十四人，席散出书，命余为书数行，以作记念。十一钟后，余乃辞出。街上行人甚多，大半多系过节回家者也。

十一月初八日（12 月 26 日）　晴，冷。驰冰场已开门。晚，同亚君观剧《阿坡罗》，散后便酌，乃返署。

十一月初九日（12 月 27 日）　晴，冷，微风。午刻，王夫人家招饮，后至野兽园吃嘎非，听乐时许。晚，同亚君往西方戏园观剧，戏名《博嘎希欧》，共分三段，其三台彩亦甚好。散后至酒馆便饮，十二钟返署。

十一月初十日（12 月 28 日）　晴，冷。晚，奇夫人家一谈。读法文时许。作灯课至十二钟睡。

十一月十一日（12 月 29 日）　晴，冷。午后，上街购年帖及信片。晚，缮写致各处贺年信函，共约四十份。西俗新年多送年帖往贺，由信局递去，较中国礼，捷便多矣。

十一月十二日（12 月 30 日）　晴，冷。终日未出门，看法文书数页。作洋字函数对。晚，宪太夫人来一谈。发各处贺年片帖，约四十份。

十一月十三日（12 月 31 日）　晴，冷，微风。西国除夕。晚，同亚君等四人，偕二女郎进城，赴茶馆、酒馆、啤酒馆各一坐。夜至十二钟，大家欢呼恭贺新岁，彼此握手碰杯。有首戴彩帽，身缠彩纸条，四处抛碎彩纸小块，音乐小唱跳舞，各人均随意赏钱，十分至五十分不等。街途塞满，步马、巡丁加多，行人无敢戴高帽者，间有一二，每被好事者擘之。夫德利大街间段拦阻，不令行人经过。茶馆、酒馆较大者均闭门（走旁门），五钟后回署。

本页书眉载：美戏馆失慎，死于火者将近七百人，向来奇灾未有如是之大者也。

日记　卷柒

在柏林记

光绪癸卯（光绪二十九年）十一月十四日起至甲辰（光绪三十年）三月二十九日止

（1904年1月1日—1904年5月14日）

光绪二十九年癸卯十一月十四日（1904年1月1日），西历千九百零四年正月初一日（西国元旦）　晴。早十一钟起。午后二钟，赴奇夫人家新岁大餐。各人席前均有所赠，余得者系伊丈夫像一张，又法文小书一本。共分大小四桌，约卅余人。三钟半，继到赴茶会者，又约二三十人，聚谈至五钟，乃返。晚，太夫人处一谈，就寝略早，良久不能成寐。

十一月十五日（1月2日）　晴（夜微雪）。今日多有来信及信片，拜贺年节者。晚，赴黎雅家一谈。

十一月十六日（1月3日）　晴，冷。晚，黎司图因保人命□事来谈良久。灯下看洋报甚久。

十一月十七日（1月4日）　晴。早，查请客各处之回信。晚，葛君子女来一谈。灯下看法文时许。作致蒋可赞一信片，并寄书一包，为伊代购者也。

十一月十八日（1月5日）　晴。为宪太夫人作致金太太一信。晚，奇夫人家一坐。

十一月十九日（1月6日）　晴。今日各处赴宴回信均到。当即预备座位名单，连主八座，共计五十二座。晚，谋尔先生约观马戏，八钟抵园，先半钟已开演，除养田外，尚有某夫人，共四人定坐包厢。所演大概如前，惟有狮二十余只，较他园者为逊。后系大跳舞，衣服鲜明，粉白戴绿，必不胜述。十一钟散后，遂与谋君道谢而别，乘车返署。

十一月二十日(1月7日)　晴，大霜，房顶尽白。近数月以来，洋报无日不载东亚之事，多谓俄日将失和，中韩坐失利。究竟如何，现无人能料也。

十一月二十一日(1月8日)　晴。今日报载俄日战事可化为乌有，因彼此皆以孔方兄不能听命也。午后，作致张云山一信。晚，奇夫人家一坐。

十一月二十二日(1月9日)　晴，暖。早，缮请客座位名单。午后六钟，着便衣便帽随星使、赓参赞、文案福兰格等四人乘双马车诣步显司托尔饭店。安排座位毕，其余馆中参随等四人亦到。人客以相继到齐，八钟后入座。星使居长桌中央，对面为外部大臣，左右分次为头等公使，各部大臣，再二等公使及代办等，再为本报参随，共计四十九人，客皆着半官衣(西名拉夫克)，戴宝星。菜约八九色，酒约六七色。十钟席散，入一厅饮茶酒、皮酒。十一钟前，人客皆散去。临行，多握手言谢。馆中八人，仍在厅饮啤酒刻许，仍乘原车归，后茶若许。

十一月二十三日(1月10日)　晴。晚，同亚君赴两茶果铺一谈。闲步至十二钟，始返。

十一月二十四日(1月11日)　晴，暖。缮致外部信及相单。晚，与赓大人一谈。就寝略早。德桂馨(随员)因已满差，今日已将归装、川资价费等领去。

十一月二十五日(1月12日)　晴。早，张云山一信，附来沪上名妓小如意一像片。晚，柏姑娘来一谈。后进城一游，十二钟前返署。

十一月二十六日(1 月 13 日) 阴雨。早,饭店来账,共合德银二千三百九十马,又堂官酒钱一百六十马,共计二千五百五十马正。茶、酒、烟、乐、桌花等在内,计四十九座,每座饭钱二十五马。据西人云,此数尚不甚多也。晚,奇夫人家一坐,其女陪夫人亦来一谈。晚,雨住,气甚暖。

十一月二十七日(1 月 14 日) 阴雨。晚,同养田、宝臣应博体之约。跳舞堂名曰天堂,男女约二百余人,十二钟饮嘎非。茶间,余演说一段,大意羡慕女子,借德国名诗家施拉君三言以奖之,演毕,大家鼓掌不绝,间亦有他西人二三演说者,分彩时余得小铜框镜一枚。一钟后回署。

十一月二十八日(1 月 15 日) 晴。午后,葛君来授课。晚,宪太夫人等在坐,谈良久。维色克君来,持伊妹信约星期晚膳。因维君亲身持信来邀,实未便却也。

十一月二十九日(1 月 16 日) 阴雨。晚,同亚君及其二妹往听唱及音乐,回至黎雅家一谈。

十二月初一日(1 月 17 日) 星期。午后,同德桂馨至安纳家茶会。人甚多,余与日人某君谈良久。七钟至拉夫人家晚餐。同席十余人,饭后操琴良久。十钟后散,余因不识道路,有梅女郎伴余至车站,始返。

十二月初二日(1 月 18 日) 阴,雨雪甚大,随落随溶。终日未出门,宪太夫人等在坐良久。

十二月初三日(1 月 19 日) 阴,微雪。午后,赴银行提钱,明日发薪水日也。晤李德仕夫人刻许。晚,宪太夫人房一谈。上那京卿贺年卡,一扣。

十二月初四日(1 月 20 日) 阴,微雪。早,发薪水。午后,葛君来授课。晚,赴冰场驰冰,遇相识甚多。后同亚君谈良久。

十二月初五日(1 月 21 日) 冷,晴,间微雪。街心雪车往来不绝。双马、单马者皆有,行走甚快。此车俄国冬季用者最多。柏林前时尚不多见耳。午后，作贺年信数封，数书至十二钟睡。

十二月初六日（1月22日）　晴。写信数封。晚，奇夫人家一坐。

十二月初七日（1月23日）　晴，暖，冰雪渐化。晚，金俊卿招饮，借座汉斯酒馆，同席十四人。除六德人外，余皆华人。席间，金之师颂词数次，十二钟后散，余一人乘高车回署。

十二月初八日（1月24日）　晴，暖。冰雪尽化。午后，上街闲步，同亚看油画刻许。晚，同养田邀谋尔君观剧兼晚餐，均在冬天花园。有美国二女郎，善打枪，又出名西班牙欧特阿女郎，跳舞甚好，十二钟乃返。

十二月初九日（1月25日）　晴。作致联春卿侍郎及钱琴斋观察二夫子贺年卡。晚，同养田出门闲步，刻余乃返。为得点空气耳。

十二月初十日（1月26日）　晴，冷，仍结冰。午后，看出使书良久。晚，奇夫人家习法语时许，回署看书至十二钟后睡。

十二月十一日（1月27日）　晴。今日系德皇寿。使馆亦升龙旗。早，星使赴皇宫贺寿。晚，首相毕罗处设燕接待各公使，因暗哈尔特王病故，皇宫晚间聚会及跳舞免之。晚，同宪太夫人、宪夫人及秋菊等四人乘双马车携待洋仆进城，观各街灯彩。大致如上年，惟较多耳，其式皆以各色玻璃电灯装作花样，如冠冕式、牌楼式、宝星式、旗号式，并德皇之像。间有燃红色火光者，远望如尖顶状。约游两点半钟，十钟前返署。

十二月十二日（1月28日）　晴。晚，驰冰遇二女郎，同伴良久。遇柏君与一谈，后同亚君饮茶，着棋时许。十二钟后回寓。

十二月十三日（1月29日）　阴雨，暖，冰雪具化。午后，葛君来授课。近日系习律例事，葛君欲加束脩，尚未定夺也。灯下看书良久。晚，同养田上街闲步，冒雨往返。

十二月十四日（1月30日）　阴雨。午后，写账。晚，黎雅家一谈。看《聊斋》，至一钟后始睡。

十二月十五日(1 月 31 日) 晴。午后,往亚君家茶会。晚,同往观剧,散后晚餐毕乃返署。

十二月十六日(2 月 1 日) 晴,复冷,冰结。早,德廷礼部大臣来帖,邀本礼拜四日晚赴皇宫跳舞会及晚餐。晚,往奇夫人家,谈法语良久。

十二月十七日(2 月 2 日) 晴。今日新女仆上工。午后,看律例书良久。开衣帽箱看衣服时许。晚,驰冰后顺街闲步,十一钟后回馆。茶少许,乃睡。

十二月十八日(2 月 3 日) 晨雨雪,后晴。晚,赴福兰格君家宴,同席共十人,佛尔克博士夫妇亦在座,十一钟后回署。

十二月十九日(2 月 4 日) 阴雨。晚,同星使及养田、宝臣赴德宫跳舞会,八钟到彼。大半已到,仍聚白厅。皇及后到后,乃与各公使夫人及皇族妇女握谈,次及各公使等。楼上乐作,即跳舞一次,男皆幼年武官,大太子、其他王子,亦随跳。女多皇亲国戚,年皆二十左右,衣服鲜明,步法整齐,非他跳舞会所能及也。遇相识者,握谈多次。十二钟入座大餐,菜酒尚可,与上年相仿。餐毕仍观跳舞刻许,德皇乃退,大家亦相继出宫,一钟半抵署。朝鲜公使、参随未到,因有国孝。日本旧钦差回德,偕其妇来赴会。

十二月二十日(2 月 5 日) 晴。午后,习律学时许。晚,奇夫人家一坐,读法文良久。回署后作洋字函数封。

十二月二十一日(2 月 6 日) 晴,微雨。晚,赓参赞邀晚餐,八点同养田赴谋俄坡尔客店,同席共十二人,除使署诸人外,有赓之眷属及亲戚二。酒菜尚可。散后又至某啤酒馆一坐,三钟始回署。

十二月二十二日(2 月 7 日) 晴,午后阴雨。午餐罢,接阅电音知日本、俄两国已调各该国公使回国,大约开战即在日内也。公法载:凡两国将失和,即不通使,故应将公使调回,即示抉裂之意也。宪太夫人等来一谈。看公法良久,就寝稍早。

十二月二十三日(2 月 8 日) 晴,微雨。俄、日公使拟各起程,驻俄日使先诣柏林(周馆员),馆务托英使代理。余尚安靖,晚赴外格尔家宴,托余购物数种,并赠给仁茶壹匣。十钟半回署,看书至十二钟后就寝。(是夜十一点后,日攻俄旅顺泊船,三受伤。)

十二月二十四日(2 月 9 日)　晴。侵晨天未明,日人以鱼雷来攻旅顺口所泊俄舰,伤二铁甲、一快船,由是遂开仗。晚,上街闲步。

十二月二十五日(2 月 10 日)　阴雨。早接电:“俄船二受伤,又二船为日捕去,日兵已在韩之仁川、金山、元山、马山埔登岸。韩人闻无所阻止。”晚,同养田上街一游,半钟乃返。

十二月二十六日(2 月 11 日)　晴阴各半。阅报知俄战仍不利,受伤被擒兵轮计已八九艘,日人所伤,谅甚小也。闻日人夜攻俄舰,系由威海卫前进,故甚得手。晚,阅剪报良久。凡关中、日、俄三国情形者,均由各报剪下寄来,合计一年费一百马。午后,作法文信一件。

十二月二十七日(2 月 12 日)　晴。阅洋(报):俄、日各有所伤,传言俄水师提督阵亡,不知确否。午后,葛君来谈律学时许。灯下作致云山一信及家属一函。

十二月二十八日(2 月 13 日)　晴阴各半。早,接北京外务部来电,谓二十七日奉上谕,中国以与日俄皆有邻好,两国现已失和,我国惟有遵守局外之例,惟中国土地两国皆不得侵越等语,并望转达德外部,遂将此电译出德文,并备汉文原稿,送呈德外部。晚七钟,始完工。晚十钟后,赴黎雅家一坐。

十二月二十九日(2 月 14 日)　晴阴各半。看报多时,日俄战事一两日内无多消息,各有所伤耳。德桂馨来辞行,明日携眷回华也。晚,宪太夫人处一坐,就寝少早。

十二月三十日(2 月 15 日)　晴阴参半。午刻,大家赴车站为德桂馨送行,一点五十分开车,遂回署。往返雨,皆冒雨。晚,葛君来授课毕,扣衣随大家为宪太夫人辞岁。晚餐罢,在宪太夫人处击球为戏。后宝臣来一谈。十二钟半就寝。

光绪三十年甲辰正月元旦(2 月 16 日,春节)　晴。早十一钟,大家、星使拜牌、为宪眷叩年禧，在馆各员亦彼此道拜。午餐食饺子。午后，在宪太夫人处陪客良久。晚八钟，同养田、宝臣三人随星使赴德宫跳舞会，仍排立白厅。德后因病足未出。德皇偕伊妹出见客，一切礼节如前。德皇与俄使谈极久，后亦与星使及日本公使各一谈。大约系东方战事也。十钟半晚餐，余与相识者各一谈。德皇长子亦临，跳舞甚多，晤星使良久。年约廿三四耳。十二钟后，德皇离厅，大家各饮蓬施酒一杯，食蕃饼一枚，乃出。此系某次跳舞，故历时稍久。两钟抵署。今日接贺年信片十余份，又黎雅贺年电报一件。

正月初二日(2 月 17 日) 晴阴参半。终日未出门，宪太夫人来久谈。日俄战事，日内仍无实在情形消息。昨在皇宫所见日人，似不似前次之性高例采也。

正月初三日(2 月 18 日) 晴。午后，上街赴银行兑换钱币。晚膳后，赴德国属地博物院，听福兰格君演说中国近年来明智之议论，兼译读康梁之论说。座中多王公贵爵，余与瓦德西大帅(前于庚子乱，曾率兵赴中国)握谈数语。后入酒房小饮，与各人一谈，惟与罗尔曼船主谈最久，并赠余青岛上年岁化图说一册。十二钟前返署。

正月初四日(2 月 19 日) 晴。晚，奇夫人家一坐，说法文良久。十钟性步归。作灯课时许。日俄战信，仍似日利于俄，真消息恐各国皆难得耳。

正月初五日(2 月 20 日) 晴阴各半。早，阅报，日俄已在鸭绿江北陆战。晚，赴福兰格君之约，往听博士寅科拉君演说中国税亩之事(古时)，后又有他人演说二三，亦中国事。墨克伦堡王亦赴会，余与谈片刻，聚饮时大家各一谈。十一钟半散，余即乘高车归。

正月初六日(2 月 21 日) 晴，日光颇好，晚阴雨。早，亚君来一谈。午后，江、鄂两省学生监督阎君润廷(海明)率二学生来见。阎君通法文，曾驻德三载。年约五十左右，三品顶戴，户部员外郎。学生札克丹前系驻津旗兵学营学兵，际彪系乃弟。此外，尚有官派学生八名，今日未来馆。晚，上街闲步，冒雨而返。

正月初七日(2月22日)　晴阴各半。早,译致外务部长电一道。午后,鄂省官派学生八名亦见。晚,同乔少泉、张养田、荣宝臣赴客栈答拜阎润廷及各学生。十钟回署,看报时许。

正月初八日(2月23日)　晴。午后,修理账目良久。晚,奇夫人家谈法文时许。接内弟彦士一信,述家境艰难,向余告帮,无如路遥乏便,邮寄难通耳,奈何。

正月初九日(2月24日)　晴,冷。早,大雪一阵。午后,看书数页。晚,作致张梓材一信,述咨户部请补执照事。后上街闲步刻许。冷气异常入骨。

正月初十日(2月25日)　晴,冷。雨雪时许。阅洋报,朝鲜已归日本保护,因失自主之权,倘将来日为俄所败,恐朝鲜亦将不国于地球上矣。晚,宪太夫人来一谈。看书时许。

正月十一日(2月26日)　晴,冷,晚微雪。晚,访黎雅不遇,与某女郎一谈。亥末回署。

正月十二日(2月27日)　冷,雨雪。午后,查看衣箱,见有皮衣两件为虫所蚀,脱毛甚多,皆临起身放洋时新做者,谅皮板不甚可靠耳。晚七钟半,赴奇夫人家之衣服跳舞会,男女共百余人。弹唱歌舞,按单排演舞戏,男女各半,但男系女伴,亦服古时军衣佩刀并有辫发,皆白色之假发耳。各色衣服鲜明,较在皇宫跳舞另有一番佳趣。内同有童子舞戏,童男亦女伴,舞唱极有趣,内有不过六七龄者,饮食皆站立,少坐位。余与数女郎久谈,皆愿闻风俗人性也。余因不跳舞,一钟后乃返。

正月十三日(2月28日)　晴,冷,冰复冻。驰冰者甚夥,早腹疼,想系昨晚受凉所致,泻数次。宪太夫人又送坤牙酒来,饮后乃愈。小卧片刻,太夫人处一谈。

正月十四日(2月29日)　雨雪,冷。早,译电报数道,谓袁宫保及马军门有统兵出关之说,不知确否。日俄近日在朝鲜北境鸭绿江一带有陆战,闻日有所失,并云:日人于明日(系三月一号,今日为西二月二十九号，因系闰年，否则西二月仅有二十八日），三月一号攻夺旅顺口炮台，不知能如愿否。晚，出门闲步片刻。电灯印雪，颇有诗料，不免有思家乡之念耳。

正月十五日(3月1日) 晴，冰化。早，接驻俄胡星使电，袁慰帅并无出关之信，想系驻法孙星使得之于洋报传言耳。午后，算报销良久。晚，奇夫人家学法文时许。

正月十六日(3月2日) 晴。终日未出门。阎润亭来一谈。看法文，理账目良久。

正月十七日(3月3日) 晴，晚微雨。早，阅报有云：日人已于海参崴近处登岸，将火车电线各有损坏，不知确否。午刻，钦宪设宴为游学生监督阎海明及二自费学生洗尘。午后，葛君来谈两他国争战时，应守局外例之国应有之权利、商务之限制。灯下看书良久，门首闲步刻许。

正月十八日(3月4日) 晴。午后，看德人游直隶北境承德府一带日记良久。晚，奇夫人家一坐，发家书第百零二号，又发彦士信片，述此间银行与皖省各异，不通往来，故无法汇上云云。

正月十九日(3月5日) 晴，冷。晚，阅报知德瓦帅今晚在汉挪威城病故，时年七十二，临终时其夫人及二侄在旁。晚，赴涂克家一坐，与亚片刻。十二钟回署。

正月二十日(3月6日) 晴，风冷。午后，出门闲步，看土耳其京城山景照影良久。晤乐、际两君刻许。晚，同亚君及其女友往勒森园观剧，散后往酒馆便酌，十二钟返署。

正月二十一日(3月7日) 晴，冷。早，湖北游学生均纷纷来求护照，遂依次缮出。阅报谓日舰攻海神崴约一小时，放炮约二百出，多不及俄炮台，故俄亦未还攻。日约费四十万马。又谓前日，日用木筏等上设灯火，以鱼电船拖带，渐近旅顺口，俄炮台则大开炮火，后再细窥，始知日人用计，俾使俄多浪费子药也，二者不知寔否。晚，太夫人处一坐。上街闲步，看曾文正公书札良久。

正月二十二日(3月8日)　晴。午后,葛君来授课。晚,奇夫人家一坐,谈法文良久。回署后,接德首相毕罗夫人请帖,约本月西礼拜六晚九点半钟茶会,专为接待公使人员等。

正月二十三日(3月9日)　晴。德瓦帅今午出殡,星使已去电吊唁。庆王亦嘱转电代达惋惜之忱,瓦帅夫人已电谢。德皇以感冒令大太子替往送殡,皇弟亨利亲王及他王皆到,四处所送花圈以数百计,军中穿孝八日,近支十日。亦可谓一世之雄矣。午后,收点衣箱良久。除虫蚀一件外,余三五件,不过出风及领头微有脱毛处耳。灯下看报。

正月二十四日(3月10日)　晴爽。午饭食饺子,饭后算大账,本年(二十九年)系十三月应领经费六万伍仟两,按寔用仅有五万二千六百七十五两九钱零五厘一毫,尚余一万二千三百二十四两零又四五毫,不知如何报部耳。晚,宪太夫人房看相片良久。

正月二十五日(3月11日)　晴,复转冷,晚微雪。午后,葛君来一谈。作灯课良久。看洋报见近数日内,柏林一带有三家,因家道日衰,门户难支,全家人口行短见者,真白种之异性也。

正月二十六日(3月12日)　晴。午后,扎友梅、际叔炳来久谈。晚,黎家作夜谈。因有他故,是以未往首相夫人家赴茶会,后闻人极多,颇属有趣。

正月二十七日(3月13日)　晴。早,阅报得悉:日俄在大通东沟久战,俄退去,日进,据之。想彼此所伤甚大也。午后,阎润廷来一坐。晚,亚君在谈良久。作灯时许。

正月二十八日(3月14日)　晴。商议使馆二次请客事。午后,荣宝臣由平层搬上三层后面居住,平层半段仅乔少泉主仆二人矣。晚餐在宪太夫人处同食,后看法文时许,上街闲步。

正月二十九日(3月15日)　晴,微雨。午前,缮请帖良久,订下礼拜六晚,仍借座卜利司图客栈设席。晚,奇夫人家一谈。灯下写信数封。

正月三十日(3 月 16 日)　晴。早发请客帖数十份,午后,同宪眷进城,诣大店购物,往返乘场车,并不觉凉,气候渐暖矣。晚,阅报惊悉朝鲜驻德使署参赞洪君以东事棘手,又以私债无台可避,遂枪毙已。洪君年仅弱冠,通德、法、英三国语言,驻此署已四载,朝会、茶会,与谈多次。人极精明,少年英俊,黄种之中不可多得之莒卜罗麻人也。闻之不胜感悼,闻洪君故乡尚有老母及二昆仲,棺拟运回朝鲜云云。灯下写本月账目良久。

二月初一日(3 月 17 日)　晴。早,发请客帖十数份。午后,偕宪眷上街购物。晚,同养田赴欧明戏馆观剧。系善举,故较寻常次之,惟有盼《托米乃》一出,系一女郎及一少年相伴,不道一词,仅以手眼形容一切,间有一梁上君子附之,颇有意思。十一钟后散乃返。今日阅报知洪君致死之由多由于债项过多,无法偿还,因相识某女伶及一年少千总,以致所进不敷所出。昨已入殓,同馆诸人皆往,某女伶亦到,并送花圈一枚,上书某某姓名,并题快快再见四字,不知究竟与洪交情何似耳。

二月初二日(3 月 18 日)　晴。早,又发请帖十余份,总共五十余份,不及前次发帖之多。

二月初三日(3 月 19 日)　晴。午后,上街闲步、还账,赴银行提钱。晚,至黎雅家一谈。

二月初四日(3 月 20 日)　晴爽,又兼星期,游人塞途。午后,性步至乡村树林中一游,回乘汽车。晚,宪太夫人等在坐,今日有耍猴华人七名自俄京来者,欲求使署给船票回华。云蓝缕过甚,客店多不容纳。忆华人出洋,多如此类,殊可恶也。阎君润亭今日赴比京。

二月初五日(3 月 21 日)　晴。闻由俄国来此华人,系在东西比利亚卖艺,适因日俄失和,俄人疑为日人之汉奸,不许东往,逼令西行至俄京华使署,因俄境海道不通,故送德,由此搭轮回华。闻在途多日,未饱食,囊中又无一钱,其衣缕不问可知整齐与否矣。终日未出门,阅报知德人在阿斐洲与黑人战不利,官死七,弁死数十,某游击亦受重伤。

二月初六日(3月22日) 晴,微风,冷。晚,奇夫人家一坐。看中西离婚各律良久。因前陆君之子陆文炳欲与所取德女离婚,故代为译东西各案也。

二月初七日(3月23日) 晴,风冷。早,华民七人因彼此口角,由乔少泉审问良久,拟明日即送赴汉堡海口,再搭船回沪。午后,译电报一道,为江南学生入营习武,应置马匹等项,请陆文炳速汇款也。晚,宪太夫人等来久坐。看德国男女离婚事数章。

二月初八日(3月24日) 晴。晚,赴外格家之宴,男女共三十二人,男女配座系以彩定,席散后聚谈良久,间以烟茶啤酒。今日系外君长女公子生日也。夜二钟半始归。

二月初九日(3月25日) 晴。早,书请客座位牌,共五十二人。德皇出外游历,昨已抵义大利海口那拍尔,义王亦将往彼相见,以固联邦之交也。

二月初十日(3月26日) 晴。午后六钟,同福兰格、张养田乘官车至步里司托尔饭店,将座位安排毕,店主偕同往观各房间,无处不整齐鲜明,器多时尚。七钟后,星使偕赓绍甫、乔少泉、荣宝臣亦到。少顷,人客乃相继入厅。有某王系现居某队哨官,星使为之引见。八钟后入座。共计五十人,文武各半。星使对赓少甫,居长桌之中坐,余居桌之上首对养田,乔少泉与荣宝臣在彼端相对坐。菜点约十道,酒约七八色,席散多握手,则各立谈于烟房,乃陆续进小酒、啤酒、嘎非。大约余与众客皆谈数语。佩戴中国宝星者甚不少。武皆军服,文则官衣,多戴宝星。十二钟散尽。馆中各人入小烟室茶点少许,乃归。两钟就寝。

二月十一日(3月27日) 晴,暖,星期。午后,同养田、宝臣乘马车赴树林一游,养田为拍照数张。晚,宪太夫人房久坐。

二月十二日(3月28日) 晴。今日接到张云山寄来衣包一件,内天青宁绸夹袄、黑灰摹本背心、天青摹本夹背心,又元青企呢夹袄,共四件。计价四十二元。午后，出门拜客未遇。作灯课良久。今晚福兰格君演说，约余往听，因事所阻，遂书片告罢。

二月十三日(3月29日) 晴，晚微雨。看律书良久。晚，同赓绍翁参使一谈。

二月十四日(3月30日) 阴雨。午后，滕账良久。晚，看法文。宪眷来房一坐。

二月十五日(3月31日) 晴。午后，栢君来陪往吃茶听乐。晚，译致商部大电，约二百言，后同养田亲自送局发递。回时已十二钟后矣。

二月十六日(4月1日) （冷，礼拜五）晴，微雨。耶稣死日，各店铺均闭门，并禁止音乐。午后，作家书。晚，奇夫人家一坐，伊下礼拜四即有义京罗马之行矣。

二月十七日(4月2日) 阴雨，晚晴。明日系西国鸡蛋节（法曰夜猫节），奇夫人赠余草织蛋形匣，内置夜猫一只，腹中藏伊像片一张。余转赠笔墨各二件。晚，黎亚家一坐，亦送节一份，其子出见，给以银钱二枚。

二月十八日(4月3日) 晴，微雨。早，赴树林一游。因节期，途中人多异常。午刻回署，看报良久。作法文信一封。灯下贴信票时许。就寝略早。

二月十九日(4月4日) 晴，微雨，凉。（鸡蛋节，耶稣复生日，次日亦节期。）午刻，同养田赴柏勒耳君之约，先至某会聚饮皮酒，后至其家午餐。其父及婶均出见。同席共八人。三钟至游尔旦君处看照相良久，并为余等拍照三张。此人精于照相，前于赛会时曾得过赏牌，后导观伊经营镜子厂，所制皆远眼显微镜、风雨寒暑表类件。厂名父同，即厂东姓名也。又至柏金林内一游，复至柏君家晚饭。九钟，至某近处跳舞场一观，其女郎多有欲来一谈为荣者，并欲亲嘴以敬之。十二钟回署，少息乃睡。

二月二十日(4月5日) 晴阴参半。终日未出门。读法文良久。灯下贴信票消遣。

二月二十一日(4月6日)　阴晴各半，大风。未出门，看律例书良久。晚，宪太夫人处久坐，饮洋酒若许，谈从前天津学堂事及拳匪乱情。

二月二十二日(4月7日)　晴，微雨。宪太夫人及星使各赠八寸相片一张。午后，同宪太夫人进城购物。晚，宪眷来久谈。看书刻余。

二月二十三日(4月8日)　晴，雨雹数次。星使各赠以中国花绘字画四幅、中堂一悬。晚，荣宝臣来一坐，谈中国往事良久。前日第二次请客，该客店已送账来，计五十人，每饭菜二十五马，连洋酒烟茶、啤酒、桌上鲜花五十马，等共计二千六百八十马五十分，又加酒钱(堂官)一百七十九马五十分，共计德银二千八百六十马正，较前次多三百十马。

二月二十四日(4月9日)　阴雨。早，缮致外部函，为印税事。晚，往扎友梅、际叔炳处一坐，晤其房东刻许。

二月二十五日(4月10日)　晴阴各半。午后，来客数人，在此茶点毕，导观星使客厅各处，后同至百兽园听乐，人极多，颇有趣，酒饭，十二钟前回署。

二月二十六日(4月11日)　晴阴各半，大风。早，领衔公使知单，瑞士国驻柏林公使罗特君前日病故。今早午，在某礼拜堂成丧礼，星使亲往吊唁。罗君年六十八岁，驻使柏林二十七载，德、瑞邦交赖以安之。身后有一子一女，其夫人亦在此，前者朝会与之言谈甚久，人极谦和。今晚接奇夫人自义京发来第一信，知彼处天气和暖，花木茂盛。

二月二十七日(4月12日)　晴，风。晚，上街闲步，灯下看法文良久。

二月二十八日(4月13日)　晴阴参半。晚，同宝臣出门闲步。晤札、际两君时，在其女东房一谈。人极谦和，冒雨而返，作致奇夫人法文信一函。

二月二十九日(4月14日) 晴。晚,进城一游,往某蜡人馆一观,内设男女下体形式详述花柳成毒各种情形,阅之令人生惧。

二月三十日(4月15日) 晴。阅报知俄舰又伤失二艘,一水师提督及其副手阵亡,俄廷甚悲痛。晚,同养田、宝臣为宪太夫人及宪眷送寿礼,计约十余种(八十余马克),坐谈良久。十钟回房,薙头毕,少息乃睡。

三月初一日(4月16日) 晴,暖。今日系宪太夫人及星使夫人寿辰。十一钟,大家衣冠贺寿,午刻设宴于本馆,共计十六人,分坐两桌。席后,聚谈拍照,五钟即散。余上街一游,进茶馆饮嘎非一碗,乃返。晚,宿黎雅处,谈往事良久。

三月二日(4月17日) 晴,暖,星期。林内树木尽绿。午后,看报,谓日俄之战,俄仍不得手,朝鲜王宫被焚,所有珍宝、文件均付一炬,韩王偕后移居他屋,起火之由至今未提及。观守宫队阻止日火会进内往救,似系火乃韩人自种者也。

三月初三日(4月18日) 晴。午后,赴银行提钱,街途闲步,奇夫人自义京寄赠罗马城图一幅。晚,宪太夫人来一坐。灯下写账一页。

三月初四日(4月19日) 晴。早,发薪水。晚,阎润廷等来谈,唱曲良久。后赴街途闲步刻许。

三月初五日(4月20日) 晴。午刻,某德教士来一谈,为译华文诗句良久。晚,上街购药,因下体发痒之故也。作灯课时许。

三月初六日(4月21日) 晴。午后,上街购物。晚,观剧。十二钟回署,少息乃睡。

三月初七日(4月22日) 晴。午后,葛君仍未来授课,着伊女来一晤。晚,宪太夫人在坐,阎润翁唱二簧时许。作灯课至十二钟睡。

三月初八日(4月23日) 晴,晚雨。晚,进城一游,灯下看报至二钟始睡。

三月初九日(4月24日)　星期。午后,同阎润亭、张养田赴狗咽喉茶园一游。饮茶刻许,拍照两张。后乘马车就原道回,复至兽园,城内热闹,街道一游,五钟乃返。回时接端抚来电,谓鄂又派游德学生十人,由詹叔珂带往,已于初七日起身云云。晚,宪眷及同人在坐良久。

三月初十日(4月25日)　晴。终日未出门。作致奇夫人法文信一封,晚大家聚谈。

三月十一日(4月26日)　晴。午刻,同阎润亭乘马车赴城东购千里眼二枚。晚,宪太夫人等至房久谈。灯下看法文良久。

三月十二日(4月27日)　晴。午后,同宪太夫人等赴城里购物。晚,同星使等乘双马车至谋奴波耳客店,赴使署大餐也。赓参赞因病未到。余则监督阎润亭,参赞乔少泉,随员张养田、荣宝臣,总署学生金俊卿、唐日新、永茀生,官费学生际叔炳、扎友梅,又湖北派来头班学生十名,又二班八名,同席共二十九人。酒菜尚可,十钟后乃散,回署茶若许。十二钟半就寝。

三月十三日(4月28日)　晴雨各半。张养田欲与胡观生家联姻,顷已寄到伊家全族照片,前数年此风尚不能行于各省也。

三月十四日(4月29日)　晴阴各半。午刻,偕格勒塔女郎及亚君往游威尔达花山,乘火车至波磁达木城约一小时,复于午尖后乘小轮前往(相距约八启罗)。一路风平浪静,兼以蒙雨气,觉凉爽,风惟摇舟,水鸟、天鹅浮游湖面,两岸绿树阴中露出楼阁,兼以花树。舟行约历一钟时分,乃抵威尔达花山之顶。有酒馆,远已闻有洋乐一部。囿围皆花树,分红、白二色,间有桃、杏、李、梨、樱桃各花,远望如白雪兼点红颜。登岸乃顺花径上山,临楼小饮鲜果汁酒,写信片数个。全湖画在目前,因天气晴阴无定,游人故不甚多耳。下山时,购红白两色鲜花一柄。乃乘火车直抵柏林,系快车,亦历一小时之久。晚餐毕,乃回署,以一半鲜花赠宪太夫人,余插瓶中置案头,令人阅之不一而足。按此种花树，中国南边亦不少，但不及如此之多，一望无边，如入花境，别有洞天也。

三月十五日(4月30日)　阴晴各半。晚，赴墨涂坡园观剧。后至黎雅家一谈。

三月十六日(5月1日)　晴，晚大雨、雷电（并雹）交作。午后，同荣宝臣等共四人，赴梅维司家之约。茶毕，往博炭泥施花园一游。地面甚大，惜上未半，约十年后当有大观也。园丁导游各石山及各国花园样式，又至某酒馆花园一坐。八钟同至梅君家晚餐，同席共八人，后以电光照相两张，十钟后冒雨而返。因未带伞，衣帽尽湿。今日系西国五月一号，又值星期，故游人较常为多，车辆均满座。西人男女喜出游，真大异亚洲各国也。

三月十七日(5月2日)　晴。终日未出门。闻日人在牙绿江复胜俄人，得炮二十余尊，擒数十人。

三月十八日(5月3日)　晴。午后，同养田赴肥兽会，共牛、羊、猪三钟，各约数百头，惟猪有极肥者，亦有售鸡鸭等肉者，及厨房应用器具亦甚多。七钟回署。灯看账目良久。宪太夫人等来一坐。

三月十九日(5月4日)　晴雨各半。午后，朝鲜馆随员周君来久谈，因服国孝，故着丧服。灯下算账良久，看法文时许。

三月二十日(5月5日)　晴。晚，作家书甚久，约数千言。

三月二十一日(5月6日)　晴。洋报谓华人观日胜俄，大有乘机攻俄之意，故星使执之于某馆主笔，曰："我政府于局外例始终遵守，万无二心。至于民间有仇俄之意，政府当加意阻之，使不为乱也。"晚，宪太夫人处谈至十二钟后始返。

三月二十二日(5月7日)　晴。午后，作法文信两件，一致法文女师，一致朝鲜馆随员。晚，上街闲步，茶点毕，性步而返。三钟后始就寝。

三月二十三日(5月8日)　晴，星期。午后，赴朝鲜公馆晤赵随员，后同往游树林，卧草地观击球者良久。茶点毕，性步一周后，仍乘车返。灯理账、盖章时许。

三月二十四日(5月9日)　晴。午后,学律时许。晚,同养田、宝臣上街闲步。

三月二十五日(5月10日)　阴雨数阵。午后,上街购物。晚,又冒雨入城,十二钟返署。

三月二十六日(5月11日)　晴。看律学书良久。晚,宪太夫人来久坐,谈丫头屡不听话,因使全家动气,大悔当日购婢多有失查也。

三月二十七日(5月12日)　晴。今日系西历五月十二号,为上天节,工商照例歇工一日。借天气转凉,游人大有扫幸耳。午后,作法文信。灯下写本月报销底册。看书数页。后大门闲步,约历一小时乃返。

三月二十八日(5月13日)　晴。早,起见脸面左右出红斑点,胫亦如之,不痛微痒,想系昨晚出门遇冷风所致。因房屋内,近复生火,热度较大,两相遇合也。概寻常房内热度,总宜以在月氏寒暑表十五度为合宜。午后,洗澡毕,觉微爽。饮食照常。

三月二十九日(5月14日)　晴。面旁红斑点稍退,颈项仍如昨,惟面与颈均见微有浮肿,且口之左右见有极小之白点,如水包。然午后薙头毕,觉面肿微减,尚忆二十八年春间,亦得此风疹,情形与此相仿,数日后不药而愈矣。

日记　卷捌

在柏林记

光绪甲辰（光绪三十年）四月初一日起至八月初七日止

（1904 年 5 月 15 日—1904 年 9 月 16 日）

光绪三十年甲辰四月初一日（1904 年 5 月 15 日）（西历千九百零四年五月十五日）　晴，星期。早十一钟起，见面仍微肿，红斑尽退，胸肩亦有红点，体觉发烧，口亦如之。夜睡周身发痒，久不成寐。终日在家看书时多。近因各报讹传，疑中国于日俄之役有所偏倚，此等无稽之言，于大局甚有关系，故昨日北京外务部来电，托星使向德外部确切声明“中国严守中立，始终坚持不改初旨”云云。

四月初二日（5 月 16 日）　晴。早，译缮致德外务部函，告中国始终守局外也。午后，在星使房同养田等复算上年报销底稿。近因裁员减费，余出之款移补薪房压债。在馆参随四人，均自上年正月补加十成薪俸。后葛君来授课，谈战律良久，并知日俄开衅之后，西报责日人有违约章种种，皆属非是，可见举笔若论战，亦必先令读战律始可。似此情形，中国报纸更言不胜言也。晚，洗澡水欠暖，无大效验。看书数页。

四月初三日（5 月 17 日）　晴，热。早，奉星使手谕：“赓参赞之子德祥，小考中式，拟学律法，着派充使馆学生。自本月起，发给薪水五十金，以资肄业。”云云。按：此人年二十有零，面貌言谈均甚好，惜华文华语毫不知晓，殊属可惜耳。午后，赴大油画馆一观。人甚多，晚餐前回署。灯下看德文良久，宪太夫人来久坐。柏君来谈片刻，约余同养田下礼拜一午饭。

四月初四日(5 月 18 日)　晴。早，发薪水。午后，作法文信，灯下看书良久。

四月初五日(5 月 19 日)　阴雨。午后雨雹片刻，大似黄豆。灯下作致张云山一信。看书时许。

四月初六日(5 月 20 日)　晴。阅汉文《公法便览》第二卷，论邦国通使之权利与议约之规例及论各国通使之例，大致与前见德文原本相同，不过译本稍较德文者为旧耳。阅洋报，谓："日本失二舰，一因雾相撞，一触俄电，约毙日兵七百余人。"

四月初七日(5 月 21 日)　晴。阅《公法便览》数页。明日为星使寿辰，作贺寿信一函。晚，同亚君及司女郎至油画馆花园一游，听乐时许。余购常票一张，寄六马，否则每次进门费五十分，礼拜一系一马。后性步过莱尔敦老使馆一带，十二钟回署。

四月初八日(5 月 22 日)　晴，暗。西国丰柱司敦节，即五月节也。午刻，因星使寿，大家为宪太夫人处叩禧，未蒙接见。星使处亦仅上手本。午后，同亚、司等乘火车赴顽贼地方游山水景。晚，至皇家大戏园观剧，剧名《盖煞》，系日本茶女也，乃一华人，名果喜，在东瀛开设女茶馆，内用女堂官数十。英之武官等多往来于其间，伴茶女米谋雅者，及伴馆主果喜者，神气颇足。散后至园内便饭。十二钟后性步回署，点心若许。谈至二钟始就寝。

四月初九日(5 月 23 日)　仍为西节，晴，晚微雨。早，在公事房看报良久，无公事。一钟，同养田赴柏君家午餐，同席老少共计八人，餐毕复至某大花园一游，又在茶馆一坐。诣柏君家晚餐，餐间谈时事数段。柏君之父现仍居官，言谈甚好。十钟前回署，时适蒙雨，在宝臣房一谈。

四月初十日(5 月 24 日)　晴。看公法便览良久。午后，葛君来授课，奇夫人今日已回柏林，送以四马花球一枚。晚，街途闲步。灯下看报至十二钟睡。

四月十一日(5月25日) 晴。早，有浙人陶君在宽来拜，奉准游历欧美，专考制造，已曾游过法、奥、义等国矣。午后，接到中国发来信件数份。晚，至油画馆一游，晤亚、司良久，同游院中各处。十二钟后性步回署。

四月十二日(5月26日) 晴。早，缮致外部函。午后，作致张云山等信件。灯下阅报，看书良久。

四月十三日(5月27日) 晴，热。早，作致赓韶甫参使一信，伊在(Falkenstein 德文)病院养病也。午后，葛君来授课。晚，同亚、司等摇船良久，又至哈兰湖新开大花园，连酒、茶馆楼合计三层，洋乐一班居中，有水井分数色，旁有水可以摇船。房屋极精致，殊柏林大观也。进门票仅三十分。十二钟乘汽车回署。

四月十四日(5月28日) 晴。早，缮致外部函，请给春操进门票二三张。晚，花园一游，晤黎翁良久。

四月十五日(5月29日) 阴雨，凉。早，往观油画。午后，同亚君赴树林闲游，雨后气极清。晚，餐于新开大花园。十钟前回署。作灯课时许。

四月十六日(5月30日) 晴。早，商拟致银行信，房款至西五月底偿清也。阅报良久，拟西字函稿。就寝略早，以明晨往观德国春操也。

四月十七日(5月31日) (西五月卅一号，礼拜二)晴，温和，日光极好。早五点半起，点心毕，六点半开车。四人同坐，计参赞乔少泉、随员张养田、荣宝臣等，行半小时至操场。场名泰木钯耳贺夫，地势甚大，遍生绿草，毫无沙土，走队最宜。入围墙后，即有马巡捕来验车票毕，遂导行至某。各公使车辆两排，列前行多头等公使车，余等车列入二行，余车后尚有一行，除武随员乘马，着军服，遂队进退阅看，余人皆便服，在车上眺望。车辆皆听巡捕招呼进退。八点前数分钟，德皇偕后至，皆武服。皇手执军令杖，先绕队阅看一周，乃至场之西面观各队行动。各车辆亦移至场西，居德皇之右手，各色队伍均先后由皇前走过两次。先作哨阵，后作营阵，马炮队先慢行，后快驰。首队为幼学堂学兵，再嘉德数大营及数阵，义数分军，再俄皇亚立桑得大营，（官兵帽如尖锥形式）再王后唉利雅北大营，再嘉德善枪营，再某皇某后各数大营，再嘉德步炮队大营，再铁路数大营，再工程营，再电线营，再嘉德乌盛马队大营，再嘉德铜盔甲马队大营，再嘉德打革那马队大营，再嘉德行营、炮队两大营，再嘉德辎重一营，以上各队系归步队嘉德大军提督克色尔君调遣。阅毕时，适十钟，计共历二小时，德皇晤在场各大员（乘马者）刻许，遂领旗子队伍回宫，然后各军亦分道归。是晚，德皇设宴于宫，邀在事武员及各署水师武随员赴宴。后观剧于欧柏大戏园，此亦春秋阅兵后，向来应有之典也。以上系观春操之大意。晚，奇夫人家一谈。回署后就寝略早。

光绪三十年甲辰四月十八日(6月1日)　晴。早，星使赴驻德英公使聘女之喜讌，先期並送绸缎瓶花各仪。德皇及后以及大太子均至，礼拜堂观成婚礼约三百人。午后，作法文信。晚，赴花园一游，晤枚绿司君良久。十二钟返署。

四月十九日(6月2日)　晴。终日未出门，看书良久。晚，宪太夫人房一谈。参赞乔少泉至本月底满差，已上禀报满，请奖叙矣。

四月廿日(6月3日)　晴。未出门，发赴中国各信件。灯下看报良久。

四月廿一日(6月4日)　晴，热。今日系张养田寿日，余赠绣巾一方，午餐有乔少泉、扎友梅、际叔炳等共计六人。饭后拍照。六钟许，同星使及宪眷同人等计十二人赴野兽园听乐、观烟火。今日系善会也。晚间遍地红灯，树枝间亦有之，池边亦设各色小电灯。十钟放烟火、花炮，在园晚餐。十二钟前性步返署。

四月廿二日(6月5日)　晴，星期。午餐在宪太夫人处同食热汤面及烧鸭子。三钟出门同亚司登乘火车至万则湖，后改乘小轮赴德老皇宫坡磁打木城。车行半小时，轮行一小时有半，登陆(在长桥头上岸)即入茶肆，点心若许。乃乘公车前赴老宫，名曰无宪之宫(Sanssouci)，殿前阶跛花木极有景致，阶下有水塔数座，水起约三十余密达之高。后遇德皇自御双轮单马游车，系军服，其后坐其左旁，车夫坐于后，路人皆免冠敬之，皇亦额答之。余等晚复至长桥近处某酒馆，便酌毕，乘车返柏林，仅需一小时耳。茶馆小坐，十二钟回署。

四月廿三日(6月6日) 晴。看《公法便览》数页。晚，宪太夫人来一坐。看书至十二钟后睡。

四月廿四日(6月7日) 晴。午后，学律法良久。晚，油画院花园一游。十一钟后回署。

四月廿五日(6月8日) 晴，凉。午后，作法文信一函。灯下看《公法便览》及报章良久。作家书一件，终日未出门。

四月廿六日(6月9日) 晴。晚，同亚、司等观剧。后在园内晚餐，灯火甚好，性步十二钟回署。

四月廿七日(6月10日) 晴阴各半，凉。未出门，看书及报章甚久。

四月廿八日(6月11日) 晴，凉。早前天津学堂包尔先生来一坐。前日始偕眷返德。晚，花园一游，歌女郎处久谈。阅洋报见近日柏林连出人命案两条，二事相隔不过四五日。先系一女郎年约二十余，被人谋害，四肢、首皆无，仅胜中段，由河中打起至今凶手未获；昨又有九龄小孩亦同前处死，抛入河中。凶手亦未获，各悬赏千马。惟小孩系谁家女，现已查知矣。

四月廿九日(6月12日) 晴。早，赴树林一游，气极清爽。午刻回署，黄碧湾来此午餐，送余小照一，余亦转给余相二张。午后，看德国军衣制度良久。

四月三十日(6月13日) 晴。作致包尔一信。晚，赴油画院一游，看报数段。

五月初一日(6月14日) 晴。今日德后接见女人会中总办及各首领，共二十一人。晚，赴奇夫人家一坐，谈法文良久。午后，詹叔珂携鄂游学生十人来德。

五月初二日(6月15日)　晴，热。早，晤詹叔珂刻许，为余带到信件相片数份。午后，作汉字信两封，一致张梓材，述蝉联续调人员事；一致陆甄青，述久别杂事，并赠以小照一纸。作灯课良久。浙人陶君游德毕，将赴比京，前来请护照前往也。

五月初三日(6月16日)　晴，热，寒暑表升至廿度。午后，赴银行取钱，车经树林时，气颇清爽。晚，同养田往拜詹叔珂，谈刻许。今日接张梓材三月廿一日信，欣悉部照两张已领，代补号为补字五号，三月廿日印发，共用印费京平足银伍十金，系任君星海手代办者也。灯下作致张梓材一信，又作家书一函，请由家中将款汇交，以免由德部寄为艰耳。阅报知有美国纽约城某游玩轮失火，约千余人，内以女子小孩为多，诚巨灾也。

五月初四日(6月17日)　晴，热。晚九钟，大雨雷电交加，气候仍不稍凉。午后，习律学时许。灯下看日本军制良久。

五月初五日(端午)(6月18日)　晴，热，晚雨一阵。午刻，抠衣为宪眷贺节，遂在彼午餐，同席共十二人。后詹叔珂率学生等来见，谈片刻。晚，因星使夫妇出门赴宴，余等往陪宪太夫人，故仍彼晚餐。餐毕，闲谈至十二钟，星使等回署，余等乃回房。

五月初六日(6月19日)　晴，凉。星期。午后，作文法信一件。晚，同宝臣出门看花炮、烟火，后至城中观夜景，十二钟后始返。

五月初七日(6月20日)　晴，风凉。早，写宝星执照数张。午后，写信良久。灯下看报及《总税司赫德条陈筹饷节略》。大意筹饷练兵，以地丁钱粮为大宗，按里计亩，按亩计赋，每亩定钱二百文。百姓不致受累，已于本年正月二十一日奉上谕："著督抚等按照所陈各节，体察情形，悉心会商，逐条核复，妥□具奏。"云云。按此法，倘能行之久远无灾，则中国之进款，必将逐年增多，强力亦渐增厚。不禁企予望之也。

五月初八日(6月21日) 晴,凉。午后,有游历二人来馆,章君(世恩)、祁君(祖彝)皆由川省派来。看战律良久,宪太夫人来一谈。

五月初九日(6月22日) 晴阴各半。午后,作致钱琴斋观察一信,晤川省派来章观察刻许。晚,上街闲步,阅报良久。

五月初十日(6月23日) 晴,冷。晚,亚君家一坐。后至某新开之茶馆吃茶良久。亚君全眷皆同往,十二钟回署。

五月十一日(6月24日) 晴,风,冷。阅洋报知现任奥京吴星使已递辞行国书,新任杨少川星使(晟)数日内将抵维也那矣。午后,看律学书时许,灯如之。现以英国唉读瓦王将赴德海口,德皇偕后及太子等,又首相及各部大臣亦多有前往迎接者。

五月十二日(6月25日) 阴雨,午后晴。五钟半同养田约詹叔珂赴夏季会,男女约百有半,先在院中就座,听乐,后入厅内晚餐,遂跳舞及作小戏,女郎中颇多有姿色者。一钟后冒雨乘车回,就寝时约三钟,天将明矣。

五月十三日(6月26日) 晴,午后雨。饭后赴油画馆一游,星期,人甚多也。晚,宪太夫人来久坐。阅报知英皇昨日已抵德北境齐耳海口。

五月十四日(6月27日) 晴。午后,作致司女郎德文信,甚长。晚看法文时许,后同养田上街闲步。

五月十五日(6月28日) 晴,微雨两阵。午后,看德文良久。晚,乔少泉参使等在谈。看法文数页,后同养田上街一游。

五月十六日(6月29日) 晴。早接拉夫人来函,约晚餐。七钟乘高车往,同席约十余人,女多于男。散后操琴唱曲良久。十一钟后各分道归,一钟就寝。

五月十七日(6月30日) 晴。早,与福兰格君谈杂事,时星使赴德外部也。午后,柏野耳特君来,偕往新湖摇船刻许。后至野兽园一游,人甚多,衣服鲜明,内多青秀者。柏君本家三人亦来,后同入城晚餐,十二钟回署。

五月十八日(7月1日)　晴，热。午后，看《出使须知》良久。晚，作灯课刻余(洪子枚观察来柏林，由太后御容返欧也)。

五月十九日(7月2日)　晴。今日北京大学堂派到学生一名，程经邦(字济之)，系安徽人，又三名赴俄京，即晚换车前往矣。午后，陪乔少翁参使赴医院看病，因伊右手腕生软结两月有余，不痛痒，惟作正楷手发笨耳。医生亦无他术，不过谓常以温水洗之，再时加搓揉耳。后用光学照相法将左右两手拍照，惟见右手该处其骨椓稍觉显大，乍观之并无分别也。晚，译电报良久。后在谋尔家一坐，十二钟回署。

五月二十日(7月3日)　晴，星期。早，缮学生住址单刻许。午后，作洋字函数封。湖北学生来久谈，又晤北京学生程济之片刻，年约弱冠，面颇青秀，其两昆仲亦曾德文。

五月二十一日(7月4日)　晴。早接蒋可赞一信，托代雇吹玻璃匠，并求代订合同，垫路费等事。午前，将湖北游学生二十八名清单缮就，不日将送交德外部也。午后，往程济之处谢步，未遇。回时顺道购樱桃数磅(价在三四分之间，本德国者)，此物较中国者较大，味亦甜，如中国海棠果，然色分水红或深红，即前游威尔德花山之出也。灯下看法文，宪太夫人来一谈。

五月二十二日(7月5日)　晴，晚微雨。午后，同荣宝臣、施女郎摇船良久。又同宝臣至某酒馆听乐，顺道至城内一游。十二钟后返署。

五月二十三日(7月6日)　晴。自本日起，每逢礼拜三与赓参赞之子德祥世兄换课，余授伊华文，从伊学法文。晚，野兽园一游，看花炮十余种，后与养田及柏尔君同游良久。因系节期，人极拥挤也。十二钟回署。

五月二十四日(7月7日)　晴，热。午后，看德国经典时许。灯下作致蒋可赞一信，告势难代订合同情形。

五月二十五日(7月8日)　晴。午后，作致杨佑之、姜洪川各一信，看德国经典良久。晚，萧安国来一谈。后同养田上街闲步，至左近某酒房一观，拟下礼拜借彼公宴也。作灯课刻许。今日系德国学堂学生歇夏日期（约四星期半），生徒可听往各处游览。其各居户亦多于近日出外洗澡纳夏，柏林城内颇见人稀也。

五月二十六日（7月9日） 晴。今日因薙发夫与厨役斗殴，彼此各有所伤，故未能薙头辫发。午后八点，赴谋耳家晚餐。同席计十四人，男女各半。席散，有某医师操洋琴良久。夜三钟始回署。天已明亮矣。

五月二十七日（7月10日） 晴。午后，养田二人往观油画。晚，同扎友梅、张养田往观跳舞，后又至城内作夜游，二钟始回署。

五月二十八日（7月11日） 晴。终日未出门。晚，宪太夫人来久谈。

五月二十九日（7月12日） 晴。晚，同养田往扎友梅处，伊不日起程回华，余特以柏林图景一册持赠，谈至十钟半始回署。灯下誊本月账目，系月底也。

六月初一日（7月13日） 晴，热。晚七钟，德商塞耳北西君招饮，同席共十人，四川章观察、提调祁亭轩、翻译李少如（诵谔），其余皆西人。席间系用英德二语言，余与章公谈最久，十一钟各分道归。午后，同德祥换课良久。

六月初二日（7月14日） 晴。今日外部咨文亦到，谓"户部查明，原捐各执照与原案均符，应照补给章程缮办执照，发给该员"云云。午后，葛君来久谈。晚，宪太夫人等在坐。程济之赠余信笺一匣，笔四枝。

六月初三日（7月15日） 晴。午刻，公宴于洋饭馆，同席十六人。今日天气炎热异常，房内寒暑表升至二十余度。晚，与程济之一谈。葛君女公子来一坐，因学生住房事。

抄 （六月初一日到德）：外务部为咨行事前准，咨称：随员王承传捐照遗失，请转咨户部查明上年北洋收捐号簿与原案是否相符，补给执照等因，当经本部抄录来文行查去后，兹准复称，驻德使署随员分省补用知县王承传原捐各执照底案，经由直隶总督咨请查复，并由该员明具印节请领，旋由本部行查，吏部与核准，各原案均符，应照补章程，缮办执照，发给该员等因，前来相应抄录原文咨行贵大臣查照可也，须至咨者。（附抄件）

照录户部来文　为补照事，捐纳房案呈，准直隶总督咨，据赈抚局司道呈称，奉督院札，开九月十七日准出使德、和国大臣荫咨，开：案据驻德使署随员分省补用知县王承传禀称："职前以光绪二十六年在天津旗兵学营教习差内，突遭兵燹，将捐照奖札遗失，于上年奉调抵德，后禀蒙咨部，补给执照，伏查职系光绪十七年五月十九日在直隶赈捐局报捐县丞衔监生；二十四年十一月三十日在直隶新海防案内报捐县丞，不论双单月，分发试用等情"，本大臣查该随员至此供差未便擅离，确系寔在情形。相应据禀附抄履历咨请贵大臣察照，希即迅饬查明咨部等因，准此本局即便查明详咨等因，奉此送查，该捐生王承传，由俊秀在光绪十六顺直赈捐第十三批案内，报捐监生，加捐县丞职衔，奉准颁照给领。覆查捐案银数，均属相符。除该员县丞寔官捐案，应由海防捐局查覆，分拟合具文详请鉴核咨部查照等情到本督部堂，据此相应咨部查照等因，并据该员取具同乡京官印节，杂部呈请领照，前来查光绪二十六年十二月本部通行章程，内开遗失执照各捐生应在遗失有分，据照原捐年月于某省、何项捐输、何次案内报捐，详细呈明，并取具印节，转详督抚咨部，俟本部查覆相符，方准补给执照通行，遵照在案，前据直隶总督咨称，王承传原捐监生县丞衔，分发试用县丞各执照遗失，咨部补给，前来并据该员取具同乡京官印结，呈请领照事，经本部片查吏部去后，随据吏部片送本部核准，原文内开：王承传由俊秀在顺直赈捐第十三次请奖案内，捐银一百二十四两，请作监生，予县丞职衔，本部于光绪十七年五月核准给照。该员又由县丞衔监生，在直隶长芦盐商报效银两，持照新海防例请奖第二次案内，捐银四百二十七两六钱，又在部库补交银五十八两，请以县丞，不论双单月，分发试用。本部于光绪二十四年十一月核准给照，均经知照吏部等因，在案本部查核吏部递送本部核准，各原案均符，应查照定章补给执照，相应开单缮办执照二张给发该员收领，并咨呈外务部查照可也。须至咨者。

计开　王承传系安徽桐城县人，捐年十七岁。曾祖春发，祖森，父士兰。由俊秀捐银一百二十四两，请作监生，给予县丞一职。又于二十四岁，捐银四百二十七两六钱，又在部库补交银五十八两，请以县丞，不论双单月分发试用。

六月初四日(7 月 16 日)　晴，热。表升至二十余，将至三十度。午后，陪章观察往色医生家看病，又至客栈一坐。晚，花园闲步，子正归。

六月初五日(7 月 17 日)　晴，热。昨晚有凉风，午刻一钟五十分，詹叔珂、扎友梅、夏彦起身回华。余至车站时，距开车仅二分钟，故各握手略谈数语，车乃展轮，大家各免冠摇巾相送。计到列车站者约三十余人，除馆员参随及监督又章观察等，余皆游学生。闻夏学生彦抵欧仅两月，虽报不谙水土，寔因钱财之间有伤体面，故为众所不容，因以咨回也。观其貌，约仅十六七岁，心智尚未开展，盖有可原，且辫发已去，不但无面目以见江东父老，且恐亦不能再入学堂矣。闻之殊为叹息不置。午后，余往一油画馆一看，藉以僻热。由车站回时，内衣尽湿，似此炎热，柏林不多见也。后在宪太夫人处一坐。因星使今午后出门，查看粤购炮位也。晚，出门闲步，花园一游，子正回署。微风，故渐凉爽。

六月初六日(7 月 18 日)　晴，较昨稍凉。寒暑表降约四五度。午后，葛君来谈学生闲事良久。晚九钟三刻，星使回署，一参赞、三随员均赴大门内迎迓。后余至花园闲步，天气颇凉，十二钟后返署。

六月初七日(7 月 19 日)　晴，凉，微风。表(房内)降十八九度。午后，接鄂督张电："已准阎监督病假，其湖北学生事，请由随员中派一人经理，每月给津贴二百马克。"云云。晚，上街闲步。气候较凉，至花园一游。灯下阅德文报刻许。

六月初八日(7月20日)　晴,凉。午后,学法文良久。有粤人蔡君(太守)来自英京,谈片刻。晚,赴花园一游。灯下阅洋报,日兵将进辽阳矣。

六月初九日(7月21日)　晴,凉。早,有李郎中(维格一琴)随翻译一人来馆(又一洋员),系汉阳枪炮厂总办,奉盛杏荪京堂奏派,出洋查阅机器制造、铁政及聘请洋匠各事。午后,乔少翁等在房久谈。晚,赴花园一游。

六月初十日(7月22日)　晴。午后,看律书良久。晚,花园一游,遇金俊卿,与一谈。

六月十一日(7月23日)　晴。晚,同养田往观德国水师戏,约历两小时始散。园中有大水池一方,通联小水沟数道,池后设油画小景,远近不一,有临岸设炮台,然共计有小轮舟二十余只,分快船、鱼炮艇及海底鱼雷各式,各长皆约在丈余。其形状与大船无异。夜间船身并可设灯火,施极强弹火球、火箭。全剧分作三段,第一为太平世界,大阅及击靶各式;第二为德炮艇意入提司攻大沽炮台事;第三为日俄近日在旅顺口海战事,末继以烟火。其船只进退散步洋面,往来相击炮火药烟,对面不能见。人中弹,船沉,炮台失火与当大敌无异。池水连山景,山景又联云天,加之今日适有未满轮之月,尤觉显真矣。十钟散后至革图家花园作夜谈,天将明始稍合目耳。

六月十二日(7月24日)　晴(午后大风兼雨),星期。树林一游。午正,回署译电报一道。粤制造局遴选六工匠入法制造厂学习,询月各需房饭若干。午后,看法文时许。萧良臣等来谈鄂省革命事,甚详。晚,宪太夫人在久坐。看书数页。

六月十三日(7月25日)　晴。午后大雨一阵,雷鸣多次,雨后气不觉凉,表指约十九度余。早,写致各厂信,李一琴部郎欲往各处看制造也。午后,看法文良久。晚,乔参赞、际叔炳来久坐。

六月十四日(7月26日)　晴,热。午后,晤赓韶甫参使刻许。

自养病处回馆，稍迟仍当前去，以旧恙尚未就痊也。晚，花园一游。

六月十五日(7月27日) 晴。午后，看法文良久。晚，花园闲步。

六月十六日(7月28日) 晴阴参半，午后大雨数阵。午后，看法文良久。晚，同荣宝臣出门闲步，一钟回署。今早十钟，俄内部大臣朴雷物君被炸弹击毙，凶手已获。

六月十七日(7月29日) 晴。今日俄刑部大臣乘车出门，被人以砖击毁车窗，幸未伤人。午后，读德文良久。晚，监督阎君来坐，昨晚始自俄京返，赠余小铜烛台一对。湖北学生等亦在房久坐。星使赠伊铜板刻像一张。

六月十八日(7月30日) 晴。午后，译法文时许。晚，出门闲步。花园一游，回署阅报至二钟始睡。

六月十九日(7月31日) 晴，星期。午后，看法文良久。晚，花园一游，遇槎女郎，与一谈，薛静山之妻也。闲步时许，同乘车返。一钟就寝。

六月二十日(8月1日) 晴，热。表升至廿余度。晚，同养田、宝臣三人，公请阎润亭、际叔炳、程济之晚餐。为阎、际两君送行也。食面饼，北地吃食也。席散，宪太夫人处茶谈良久。气极热，就寝稍迟。

六月二十一日(8月2日) 晴。午后微雨，遂稍凉。晚，花园一游。晤亚君良久。厨役病，终日吃面食。

六月二十二日(8月3日) 晴，热。厨役仍未愈，星使夫人弄饭菜，早晚两餐皆如是，食之，心甚不安也。午后，赴银行取钱，湖北游学生学费款，阎润亭监督已将各事移交。使馆馆员暂为分代，今晚即启程前赴比京。放洋回华，谅尚有数星期也。十钟后，赴福德利街车站，为阎润翁送行，到者约二十人，系本馆参随及湖北学生等，临窗握别对晤片刻。十一钟一刻，车乃展轮，大家免冠摇巾相送。后遂乘火车返署。饮汽水数杯，一钟后就寝。夜腹鸣二次，以饮凉汽水也。

六月二十三日(8月4日)　晴,热。今日,粤省派到学习制造学生三名,月薪六百圆,系崔子良兄所管水鱼雷学堂学生也。已习德语三年,官话尚欠明白。晚,出门闲步,花园一游。有二游学生者自英京来,一名罗忠諴(系前罗星使少君),一名沈成鹄。

六月二十四日(8月5日)　晴,热甚,仅可服单衫。晚,回拜广东学生三名,均未遇。遂与养田性步而返。气甚热,身大汗。灯下看地舆良久。

六月二十五日(8月6日)　晴阴各半,午后微凉。德境苦旱已多日矣。晚,同亚君等花园闲步,听乐良久。回署后阅报数段。

六月二十六日(8月7日)　大雨数阵,暑气略退。早十一钟,星使率参随、学生等拜牌。后看书、看报多时。晚,同亚、崔等赴某大花园一游,气甚凉,难久坐。性步游树林。后至某茶馆听乐,十二钟返署,看报良久。(万寿,悬旗拜牌)

六月二十七日(8月8日)　晴,微雨,气凉,可着夹衫。终日译电报,系致燕、粤、鄂各督及外务部者。看公法书数段,作灯课时许。

六月二十八日(8月9日)　晴,微雨。今日四川派到学生二十名,有监督杨君(兆龙)同来。晚,同朝鲜使署随员赵君出门闲步,茶谈良久。接毛大夫信,知已得一千金。

六月二十九日(8月10日)　晴,凉,微雨。午后,看律学书甚久。后同赓韶翁参使一谈。在星使处晚餐。灯下作致奇夫人法字函,述明日不克同游胜景也。

七月初一日(8月11日)　晴,凉。午后,作家书一函。晚,赴大花园一游,乘车经大树林往返。约稍得青气耳。

七月初二日(8月12日)　晴,前夜大雨一阵。俄皇后连得四女,今午专电报,本日举添一男,接位有人。俄国上下皆喜。午后,谈律学时许。晚,宪太夫人约食烧羊肉,同座共八人,其味甚甘,席后食西瓜。西瓜较中国者微小,味无异耳。

七月初三日(8月13日)　晴。晚,花园闲步。晤马女郎良久,子正回署。

七月初四日(8月14日) 晴。早,发薪水,自本月起,湖北学生仍由馆中领取学费。午后,同亚君等四人,赴万泽湖游览,游人甚多。在彼临湖小酌毕,仍乘火车回城内饮茶、听乐,至十二钟始返署。

七月初五日(8月15日) 晴。早,接家书及相片一张。午后,四川游学生监督杨雷刺史(进士公)来拜,谈刻许。晚,宪太夫人处晚膳,谈至十二钟始回房。夜雨。

七月初六日(8月16日) 早雨。今日洋参赞福兰格君出外歇夏。作灯课良久。

七月初七日(8月17日) 晴。午后,看律学书时余。晚,同养田往观花园内小戏,后至城内一游,性步而返,途次遇女郎等作戏多次,二钟始得安寝。

七月初八日(8月18日) 阴雨。午后,作信数函,灯下看书数页。

七月初九日(8月19日) 晴阴各半。早,译德航海公所来文,谓华人佣工轮舟死后照例海葬,其所遗银钱汇交使署,其什物仍由该船送至该德领事署点收,以便给该家属领取,法甚善也。午后,看律法书多时。作灯课良久。

七月初十日(8月20日) 晴,凉。晚,同亚君偕崔黎思女郎等四人往观剧,散后茶谈刻许,伴伊等回家,余亦返署,就寝已二钟矣。

七月十一日(8月21日) 晴,凉。星期。午刻,黄碧湾来餐后去,余同黎思等往野花园一游,茶谈良久。与养蜜蜂人谈刻许。晚,在亚君家便饭,性步而返。灯下作致黎思一函。

七月十二日(8月22日) 晴。午刻,往四川监督杨雨田未遇,即回署。晚,又往拜俄馆学生舒士杰(英)于赓韶翁家,又门首闲步刻许乃返。

七月十三日(8月23日) 晴,凉。早,查新疆地图,因德外部拟派二员赴彼游览考古,求给护照,以便即时起行前往。午后,看书良久。晚七钟，同黎思树林内闲步，至花园一游，后在大酒厅间晚餐。酒菜平常，其价颇巨。餐毕，小步时许，乃伴其回家，余亦返署。

七月十四日(8月24日)　晴，冷，寒暑降至十四五度。阎润亭赠余相片一张。午后，葛君来授课良久。灯下看书数段。乔少泉来一谈，后门首闲步。

七月十五日(8月25日)　晴，凉。早，金氏弟兄三人自英京游学来，名绍基、绍城、绍堂，年皆二十余岁，一专习英，二习制造。午刻，同乔少翁参赞公请舒士杰便饭，同席仅三人。晚，赴泰拉森园一游，园内安置各色灯火，远望如繁星，游人亦甚多，进门票已增至五十分矣。

七月十六日(8月26日)　晴，凉。午后，看德文律书良久，发家书、作灯课时许，门首闲步。宪太夫人处食饼一枚，谈至十二钟始回房。

七月十七日(8月27日)　阴雨。早，四川学员二人庄君(荫莘)、古辛君(良骏)率领学生二十名来见星使，均短服草帽。午后，舒士杰来辞行，今夜返俄京也。晚，赓韶翁处一坐。十钟半往车站为舒士杰送行，到者尚有四人，后余至马塔家作夜谈。

七月十八日(8月28日)　晴，星期，凉。阅报谓"韩王拟派驻各国使臣、领事一律撤回，归日本代办"云云，不知确否。午后，海曼家吃茶，同伊女谈良久。晚，同崔女郎等花园闲坐时许。十钟半回署。

七月十九日(8月29日)　晴，冷。房内寒暑表约十四五度，终日未出门，作课数小时。亚君寄到某女郎小照两纸。灯下看美国留学生报告，在彼官费、自费学生一百余人，内女生十九名。阅演说数段，尚无康、梁语意耳。

七月二十日(8月30日)　晴。早，为四川学生等缮护照数十纸。午后，出门拜客未遇，购信片图册若许。晚，野兽园一游，十二钟回署，阅报刻余。

七月二十一日(8月31日)　晴。早、午后，章观察来房一坐。

朝鲜使署随员赵君来久谈。余习课良久，灯下作致舒士杰一信，并寄小照一纸。

七月二十二日(9月1日) 晴。午后，出门闲步，同海曼等摇船一小时。晚，偕朝鲜使署赵、韩二君游蜡人馆，后至某茶馆一坐，子正归署。奥国克布尔太子夫人(比王长女也)夜逃出境。(辽阳要地，俄已失守。)

七月二十三日(9月2日) 西九月二号，晴，晚雨，凉。早，译代粤省查验军火单。午后，葛君未到课，亚君来一谈，后晤赓参使刻许。灯下阅报，今日为德法大战塞垱日，那波伦被擒，大破塞垱。今日又为德国秋操，街市多悬旗。闻辽阳昨为日人攻破，俄兵北退，日俄各阵亡逾万。德人多喜形于色，为日庆。朝鲜驻俄京李钦差将调回，其外部，日人代聘美员为顾问官。盖韩国内政近归日人掌握中矣。

七月二十四日(9月3日) 晴。午后，上街闲步。晚，赴(Residenztheater)观新戏，名曰《完姻后出门第一夜》，说无唱。散后赴堪坪司齐晚餐，又在唉瓦家一坐而返。回署后，茶若许。阅报刻许，乃就寝。

七月二十五日(9月4日) 晴，微雨，冷，星期。阅报知德大太子威廉今日与美伦堡公爵女色崔黎订亲，年十八岁，太子年二十二，现为嘉德营哨官。国人闻此喜音，多喜行于色。又报载，辽阳今午为日人占据，俄人北退，然仍有坚意复攻之意，因辽阳得失关系库鲁巴金统帅全军。闻俄人于此战伤亡甚重，日军尤倍之。晚，野兽园步游，听乐。十一钟后回署。(德太子定亲。辽阳遍地俄又失守。今日为犹太人新年。)

七月二十六日(9月5日) 晴。看书良久。晚，金俊卿约赴油画馆一游。询商请照阅看矿场事。十一钟后回署。朝鲜从此外交、理财二事，皆须请命于日本。

七月二十七日(9月6日) 晴。午后，上街购物，晚餐后回署。俄退守辽阳，近又渐退回盛京，日人亦随进。雨后泥路，草深过人，行军于此，殊不易耳。

七月二十八日(9月7日)　晴。拟法文护照，章观察偕同祁、杨等五员赴美国圣鲁意斯赛会也。午后，厨役周青学照相法，在房试拍数照。看法文良久，灯下亦如之。阅报数幅。

七月二十九日(9月8日)　阴雨终日，凉。午，缮本月流水账簿，乔少翁及宪太夫人来久谈。接张梓材兄一信，述补照事，并谓星使如果蝉联，愿受调来德应差云云。灯下看法文书数页。

七月三十日(9月9日)　晴，微雨。午后，湖北学生三人来久谈。理账目刻许。灯下看法文一小时。宪太夫人来久坐。

八月初一日(9月10日)　晴。午后，看法文良久。晚，野兽园一游。后至马塔家作夜谈。厨役为拍照一张。

八月初二日(9月11日)　晴。午后，梅他家吃嘎非，听操洋琴刻许。作灯课时许，读法文也。

八月初三日(9月12日)　晴。早，缮法文护照。午后，赴银行，晤李德仕刻许。作法文信一，读法文良久。

八月初四日(9月13日)　晴，晚雨，凉。发薪水。读法文多时。宪太夫人自前日抱恙，至今尚未痊可，日往探问。

八月初五日(9月14日)　阴雨。午刻，往探宪太夫人，病较昨轻减，精神尚好，后赓世兄来换功课良久。灯下看法文。晤乔少泉参赞时许。早晚甚凉，可着棉袄，寒暑将至十度零耳。

八月初六日(9月15日)　晴。早以天阴，梅他未到，余往皇家油画院一游，画幅石相甚多，计三层，楼内中学画者不少。午饭后，复进城购物，晤黎思等良久。晚，同赴马戏园观剧，有白冰熊十余，听人呼唤，真人为万物灵也。十一钟后回署。

八月初七日(9月16日)　晴。午后，宪太夫人处一坐。晚，看法文数页。观信片刻许，子正睡。

日记　卷玖

在柏林记

光绪甲辰(光绪三十年)八月初八日起至光绪甲辰腊月廿二日止

(1904年9月17日—1905年1月27日)

光绪三十年甲辰八月初八日(1904年9月17日)　西历千九百零四年九月十七日。晴,冷,寒暑表降至十二三度。早,章观察、祁提调来辞行,初九晚起行也。晚,同欧耳嘉等往观剧,又至茶馆一坐。亥末回署。

八月初九日(9月18日)　晴,冷,星期。十一钟始起床。午后,赴油画馆一游,人极多。晚,至野兽园闲步,气甚凉,十钟后返。作灯课时许,荣宝臣来一谈。

八月初十日(9月19日)　晴,冷。今日房中已生火。早,阅报知德前首相毕司马公之第二子(长前四年已故)昨午病故,年仅五十五岁。娶亲过晚,遗三子,年皆幼。伊弟亦遗下一子,亦幼。按:黑尔柏尔君,退位已十二三载,隐居家乡,前曾充驻和兰国二等公使,继充德外部侍郎,后升德外部尚书。官阶颇高,升迁亦速,非伊父之力何克臻此!大约功臣之后,多不甚旺,东西同情也。午后,看法文数段。晚,赴车站为章观察、祁提调送行,由英、美、日回华。十一钟一分展轮,中西送行者约二十余人。余等亦遂返署。

八月十一日(9月20日)　晴,冷。午后,看德文书。灯下看法文。葛君因病已二旬未到课矣。

八月十二日(9月21日) 晴。午后，德祥君来换课。晚，晤赓、乔二参赞良久。饭后，宪太夫人处久坐，谈狐仙及中国食物之多，西洋不可同日而语等事。

八月十三日(9月22日) 晴阴各半。午后，上街。晚，赴某小戏园观剧，名《强盗》，座位甚稀，十一钟后散，往晚餐毕，回署。归时适雨。夜作渴，复起温茶止之，六钟始熟睡。

八月十四日(9月23日) 晴。午后，读法文良久，灯下亦如之。阅洋报，北京满人将条陈政府，简拔钦差赴欧美各邦求助，俾日人归还东三省于旧主等语，不知此语确否。近以嗅虫过多，夜难安枕，今晚拟在客厅素法床度宿，以观如何。

八月十五日(9月24日) 晴。中秋节，早十一钟，参随、学生等往宪太夫人及夫人处叩节禧，星使处仅上手本。午刻一钟，公宴于洋馆磨体夫好司，同席共十四人，房间、菜肴尚可。晚，同养田赴西戏园观剧，名《威廉特尔》，系千四百年瑞士国事。散后，晚餐毕，街途闲步，一钟回署，食水果若许，三钟睡，仍在素法。

八月十六日(9月25日) 阴晴各半，星期。早十一钟起，点心毕，宪太夫人房久谈。看德文戏词时许。灯下写信，读法文数页。白嘎尔湖园道木日工竣开车，从此免渡矣。

八月十七日(9月26日) 阴雨，热，十五六度。早接杨少坪一信，托代谋招商局买办事。午后，俄馆差满随员桂君智臣印芳来一谈，此人通俄文，年三十余岁，系前德随员林字桂馨之娘舅。看法文数段，灯下亦如之。宪太夫人处一坐。

八月十八日(9月27日) 晴，暖。今日为荣宝臣之寿，往贺禧，兼送礼四色，宝兄备中、晚两餐待客。中酒菜饭，晚酒菜面。同席，午九人，晚七人。散后往车站送桂智臣兄行，先赴巴黎，由彼搭轮回华。同养田街途小步乃返。

八月十九日(9月28日) 晴，暖。早，接张云山一信，谓白缎及绣花边均已交局寄德，计价九十六文三角二分，寄费在外。午后，德祥来，读法文良久。与养田参赞一谈。晚，宪太夫人处久坐。后看法文数页。

八月廿日(9月29日) 晴，晚雨。早，福兰格君歇夏归，今日来馆任事。晚，同亚、崔等听乐时许。十二钟后冒雨归，阅报刻许，乃睡。

八月二十一日(9月30日) 晴，暖。午后四钟，往崔黎思家吃茶，弹唱之余跳舞良久，话语之间，殊有趣味。七点前回署晚餐，宪太夫人处一坐，荣、际又至余房一谈。

八月二十二日(10月1日) 晴。晚，进城一游，后在马塔处作夜谈。阅报良久。学堂复放假十日。

八月二十三日(10月2日) 阴雨。早，黄碧湾来至此午餐，昨学堂考毕，已由七班升至六班矣。灯下作致崔欧嘉一信，看施拉书数段。

八月二十四日(10月3日) 阴雨，凉。午后，进城一游，晚诣金俊卿处一谈，同伊往观剧。所演苦戏名《肥野司科》，系前千五百年时事。散后，便饭毕乃回署。看书数页。

八月二十五日(10月4日) 晴。早，嘎色尔前江南学生解朝东等三人来馆，系军服，为千总之职，与日本军衣式略同。今日为乔少泉寿日，余等往贺，并在彼午餐，同席共八人。灯下看书良久。

八月二十六日(10月5日) 阴雨。树叶渐黄，间有落者，秋风凄凉，客有思故乡之念。午后，读法文数页。灯下看《史记》良久。

八月二十七日(10月6日) 阴，雨，风。午后，解震皋三人来一谈。驻奥京杨小川星使到柏林，来馆久谈。年约三十余岁，须尚稀，亦系西服，仅带参赞、文案一员随行(李叔腾、印家骧)，可谓轻车减从矣。作灯课时许。

八月二十八日(10月7日) 晴。午刻，偕养田、宝臣往谒杨小川星使未遇。晚，同解震皋、倪石灵、缪伯纯上街购物，便饭毕，约往冬天花园观剧。茶少许，十二钟回署。

八月二十九日(10月8日)　晴。早，嘎色尔江南学生续到二人，与谈甚久。午刻，杨小川星使来拜，晤谈刻许。晚，同解震皋等三人往观蜡人院，赴茶楼数处。

九月初一日(10月9日)　晴，星期。午后，同解震皋等三人上街答拜李达夫、刘筱如，未遇。赴茶馆晤毛大夫妇良久。晚，观马戏，后街途闲步，茶少许。二钟始回署。

九月初二日(10月10日)　晴。未出门，看书良久。起意欲赴大学堂听讲。

九月初三日(10月11日)　晴。午后，赴银行取钱，晤李德仕刻许，云月底有东亚之行。晚，陪李、刘二人看戏，散后街途闲步，乃于十二钟后分手返署。渠等拟明晨回营。

九月初四日(10月12日)　阴雨。早，发薪水。拟致大学堂总监督信稿。午刻，有同乡余晓笠(荫昌印)来一谈，奥馆派德学生也。年二十二岁，系怀宁人。灯下看书时许。

九月初五日(10月13日)　晴。看大学堂听讲条规。按：此堂建于千八百零九年，内容七八千人，其总办一年一更，外有国家特派专员一，与总办合理。内中讲课教习分官派与私授，听讲之人分常年学生，或听讲外客，外客之中有年长位尊者。各人应出之费略同。计分四科：曰律学，曰医学，曰教务，曰哲学(或性理学)。听讲从便，选师择课。课有应出费者，亦有官费之外不再取费者。灯下写信数封。阅报良久。

九月初六日(10月14日)　阴雨。午后，赴大学堂看告示。晚，宪太夫人在谈。看报良久。

九月初七日(10月15日)　阴雨。(雅查森王薨，伊长子接位。)早，晤某报馆主笔罗增君良久。晚，马塔家作夜谈。看书时许。

九月初八日(10月16日)　晴，星期。午后，往拜解震皋等，未遇。往亚君家茶谈时许，又至欧尔加处一坐。晚，震皋二人等来辞行，明午返克稣城也。

九月初九日(10月17日)　阴雨。午后，往晤马海饶片刻，复进城在某首饰店一坐。灯下看书良久。

九月初十日(10月18日)　阴雨。午十一钟，德前皇夫得利希石像及其名博物院落成，今日演礼，除德皇及后及王公大臣文武官员外，各国使臣亦均到场，鸣炮百零一响，军乐及合阎礼拜堂钟齐鸣，诚盛举也。余于午后进城，赴大学堂谒总办博士海德维希君，投星使函，谈数语乃出，着余明午一钟再往。后至店购小孩玩物、食物数色，本日拟偕星使眷属往谒福兰格君也。晚，晤宪太夫人良久，谈德文刻许。

九月十一日(西十月十九日)(10月19日)　晴。午刻一钟，至大学堂注册听讲。进门票费十八马，听讲者数十人，均聚一厅内，总办海博士偕数员坐堂中案首。余入厅投刺，少顷乃唤余名，与帮办谈数语，遂凭注册付费。后海君向大家立谈片刻，不过劝勉之辞，后握手而别。余即乘车归，今日为永苐生寿日，唐日新邀大家食面。四钟随星使及其眷属共四人乘双马车往拜福兰格君，余送伊家三小孩各小礼二色，福夫人系鲜花一柄，茶谈刻许乃归。灯下宪太夫人来久谈。看大学堂学规数段。(入大学堂听讲，今日往注册、领凭。)

九月十二日(10月20日)　晴。午后，阅大学堂学规良久。赓世兄来一谈。灯下作家书一函，今日接张辛田寄赠天津城厢图一幅。

九月十三日(10月21日)　晴。午后，至大学堂阅告示。购零物数件。作灯课良久。

九月十四日(10月22日)　晴。晚，出门一游。阅报载：日俄近日战，各伤亡逾四万人。余晓笠来久谈。

九月十五日(10月23日)　晴，星期。午后，至安纳家茶谈良久，云西洋妇女衣服所用花边(德名施匹磁唉)，上等真货惟出自法、比两国，其价极昂。德邦南境虽亦能仿造，然系另样，不可与法、比真货同日而语。倘中国能派幼女赴彼处学习其法，以中国所出之丝制之，工料自必较廉，出口销之于欧美，获利定无疑矣，云云。回署晚餐。作灯课时许。

九月十六日（10月24日）　晴，晚雨。早，赴大学堂付学费并注册，计理财学每星期四小时，季费二十马，史学一点钟十马，又讲堂费五马，医药费二马，听讲生堂费五十分，共计三十七马五十分。外官课国法学一钟，不取费。所有钱数均由司账者登入报名簿内，外附私课收条，须自填写。至听课时，面交该教习，报名簿亦请伊验字，并求书载座位号数，俾每次得坐原位也。晚，亚君家一谈，后与崔女郎同车回柏林。阅报：俄东海舰队前夜误击英国捕鱼船，伤数人，沉二船，英全国震动，然俄廷已电道歉，并许从丰抵偿，想两国不致以此误会，而开衅端矣。

九月十七日（10月25日）　（进大学堂听，今日系财政学。）晴。早，阅报知俄英两国之事，尚在调停之间，以势度之，俄寔系错疑为日船也。午后四钟至六钟，在大学堂听讲。教习名瓦格那，年约六十，白发，戴双付眼睛，口齿尚清，所讲系财政学大纲。听者约三百人，堂已满，女郎计三人，余座位系第四十六号。讲毕，已付脩金之人前去请瓦君登名于报名簿内，座位亦填入。课前，与瑞士人林得曼畅谈甚久，今午接得倪钧南（石灵）寄到相片一张。灯下作致石灵等函，看书时许。

九月十八日（10月26日）　晴。午后，读法文时许。晚，宪太夫人处看打麻雀良久。作致震皋、伯纯一信，又致李达夫一信，因今日亦寄到相片一张赠余也。

九月十九日（10月27日）　晴。午刻，约卜司克夫妇偕小女来拜，昨自青岛归来者也。午后，余往答拜，邀余观剧《阿坡罗》，余赠伊小女玩物数色也。十二钟茶点毕，分道归。

九月廿日（10月28日）　晴。午后，往听讲，仍系财政学。回署后，晚八钟，同养田赴谋大夫晚餐，男客约三十人，女客则其妹及二侄女、一英女郎耳。席间分坐数小桌，酒菜尚可，后与二女郎一谈。十二钟回署，阅报：英、俄龃龉之事，仍未了，英水师已预备开仗。

九月廿一日(10月29日)　阴暗。树叶黄落，颇有冬景气象。早，周汉三兄(英杰印)来自中国，携有张云山兄函一件，系鄂汉阳人(户部司务)，前北京译学馆助教德文，今自备资斧来此游学，可谓有志之士也。晚，马塔家作夜谈，看闲书良久。阅报知英、俄之事，已在商议调停，无兵戈之意矣。

九月二十二日(10月30日)　晴，冷，星期。午刻，宪太夫人招食酱面，后在彼观搓麻雀及纸牌者时许。周汉三兄来一谈。

九月二十三日(10月31日)　晴。午后，往大学堂听讲欧洲立国新旧史。博士名恨财，年约四十余，口齿极清白。晚，宪太夫人来久谈。作致张云山、解震皋各一信。福兰格夫妇赠余伊子女小照两张。

九月二十四日(11月1日)　晴。今日为余之生日。午前，衣冠为宪眷处行礼，同人亦来房贺，午后往听讲。晚七钟半，备便酌与同人一聚，同座计九人。今日来信与信片贺寿者共约三十余份，同人皆各有所赠，宪太夫人赠绫绸衣料活计一份，洋酒二瓶，德马二十；宪夫人胰二盒，手巾一匣，桌□一幅，玻璃杯一对；张养田赠洋酒二瓶；荣宝臣赠三面镜一架，玻璃瓶一双，蓝瓶一对，烟卷匣一个，小瓶香水两瓶；际叔炳赠船式墨水壶一个架；唐日新赠信片簿子一本，相片一张；永弗生赠绒匣一个；程济之赠寒暑表、表架各一；金俊卿赠皮信夹一件；亚可卜算赠相片插一架。中十月初一日，为薛静山完姻之期，帖请馆员赴喜宴，大家因其岳氏门户平常，未便与之往还，故皆辞之。顷晤乔少泉，惊悉钱琴斋观察前月因病逝世，不知确否。闻听之余，不胜悲痛。

九月二十五日(11月2日)　晴。未出门。午后，习法文时许。晚，宪太夫人来久坐。作家书一函。

九月二十六日(11月3日)　阴雨。今日觉下部受病，系患白浊。午后，往听讲美洲史课，人甚少，堂仅半满。散后往恨财家，未遇，遂返。

九月二十七日(11月4日) 晴。午后，往恨财家看病。据云寔系白浊，惟此病最能迁延时日，三月半载，数载皆未可定，告余日须用机筒打药三四次，外又备吞药丸，每饭后吞二丸，禁烟酒、啤酒，可多饮牛乳及汽水之类。俾小便多通，得借以冲洗内管也。回署即如法照办，灯下看书良久。

九月二十八日(11月5日) 晴。恙如昨，浊稍减。晚，外格尔女郎家招饮，八点偕养田前往，同席共十四人，十二钟返。今日接家书一函，系内人亲笔，白字难免，意尚清楚。

九月二十九日(11月6日) 晴阴各半，星期。浊轻烧，大小便时甚痛，且有时急不可待，故不便出外也。午后四钟，至先生家一谈，话如前。灯下写账时许。看书刻余。

十月初一日(11月7日) 晴。昨夜睡后良久不成寐，夜起数次，身体发烧出汗，早起体极乏，他如昨。今日系薛静山完姻日，午后，在近处教堂行成亲礼。后至大学堂听讲。灯下看医书数页。一钟始睡。

十月初二日(11月8日) 阴雨，大风。午后，大学堂听讲，系财政学。回时风大，气冷，街途薄帽甚多。晚，宪太夫人处观打牌良久。恙如昨。接舒英自俄京寄来一小相。

十月初三日(11月9日) 风，阴雨。午后，至医生家一谈，有赓世兄同行。今日为际叔炳寿日，余赠以铜铸啤酒杯一双。作课灯时许。

十月初四日(11月10日) 晴，风。早，发薪水。午后，葛君来久谈。灯下作致张梓材一信，述外洋作客情形。浊痛皆稍减。

十月初五日(11月11日) 晴。午后，往听讲财政学，往返车中看尺牍，与马海饶一谈。晚，看打麻雀时许。恙稍减。灯下看书数页。

十月初六日(11月12日) 阴雨，风冷。恙稍减，浊止痛息。午后，作书数函。灯下看书良久。

十月初七日(11月13日)　晴，午后微雨。早十一钟起，黄碧湾来，饭后去。晚，晤赓参赞良久。灯下看书数页。听留声机器于周僚房刻许。恙减轻。药如常用。

十月初八日(11月14日)　晴。午后，上街步行刻余，返署觉乏甚，且下部亦觉不爽。盖此病最忌行走也。晚，接俄京游学生魏叔虞一信，附寄京师译学馆汪勋西一信。晚，宪太夫人处看打牌良久。

十月初九日(11月15日)　晴。午后，听讲财政学。灯下作致俄署魏叔虞、舒士杰各一信。看尺牍数页。恙如昨，无浊、无痛，无痒，吃药同前，洗药更稍辣者。

十月初十日(11月16日)　晴阴参半。今日为皇太后七旬万寿，升旗，十一钟星使率领参随学生拜牌。今日系西洋布司日，意乃悔罪日，禁止戏、音乐，惟教会中之音乐照常不禁。午后，看法文刻余。晚，宪太夫人处看做叶子戏。作灯课时许。

十月十一日(11月17日)　晴，冷。早，包尔工师来馆一谈，日内复有中国之行也。午刻，宪太夫人处食面。后，大学校听讲。灯下写信数件。恙如昨。

十月十二日(11月18日)　阴雨。午后，听讲财政学时许。灯下校阅武备书籍良久。看尺牍数页。

十月十三日(11月19日)　晴而阴。终日在署，订印刻铜像念五张，计价百十马正。作灯课时许。卧床看书良久。宪太夫人处一坐。回时觉下部发涨，体微不爽。

十月十四日(11月20日)　晴，星期。今日为西人死礼拜，系鬼节。人多购花圈上坟。午后，赴医生处一坐。下部右岸起小红胞，不痛不痒。据医云无碍，且待数日以观察如何耳。看尺牍良久。今早接家信，系内人亲笔。谓张云伯已调云南，大约家眷不随前往，拟回皖垣小住，再定后事云云。

十月十五日(11月21日)　晴。晚，赴皇帝院客店，观演说及影戏，座位皆满，立足无虚地也。有瑞典国名士挪君，讲南极行程冰山雪地，屋塌船沉，沿途险阻艰难，不一而足。顺道购零物，晚餐罢返署。同养田说至两点始睡。

十月十六日（11 月 22 日）　阴雨。午后，往听讲财政。作灯良久。

十月十七日（11 月 23 日）　晴。午后，赴医生处一坐。晚，宪太夫人处操麻雀刻余。

十月十八日（11 月 24 日）　晴。午后，往拜周汉三不遇，伊有来卜磁西之行也。晚，星使带洋仆一人赴奥。饭后，周汉三来久谈。后至宪太夫人处一坐。（星使赴奥京。）

十月十九日（11 月 25 日）　雨雪约寸许（初次寸雪），冷甚。午后，听讲时许。往返乘汽车，约需二钟之久，殊属闷人，只得车中看书以消遣耳。今日发家书一号，系由桐邑彦士处转交。因张方伯就道后，家君携眷回皖小住，再定行止。作灯课良久。宪太夫人处一坐。

十月二十日（11 月 26 日）　晴，微雪。未出门。看书多时。晚，宪太夫人处看操麻雀，一钟回就寝。

十月二十一日（11 月 27 日）　晴，微雨。星期。午后，往恨材一谈。恙略减，浊偶于早间尚见之，痛止，小包亦渐消。晚，余晓笠来久谈。后，宪太夫人处一坐，看叉麻雀良久。

十月二十二日（11 月 28 日）　晴。早，嘎次君来，欲聘华人住沪代某行经理商标等事，余遂将张云山住址告知，俾伊等彼此对面函商，免余亦置身局内也。午后，上街至威尔太木大店一游，今日西面新房落成开市，局面极大，大致与旧房同，华丽过之耳。闻，除地基外，房价约需六百万马，店中全份锅炉汽锅，共用煤炭年需二十万马，其他可知矣。晚，接星使自奥京发一电，云礼拜三可返柏林，并托转递宪太夫人等语。看操麻雀时许。

十月二十三日（11 月 29 日）　冷，雨雪。午后，听讲财政学，系讲欧洲官俸事。晚，倍伴宪太夫人操麻雀时许。上星使一函。

十月二十四日(11月30日) 阴,微雨。早十钟半,星使回署。同福、乔二参赞谈良久。午后,读法文时许。看书数页。

十月二十五日(12月1日) 阴雨,冷。午后,听讲,归途顺道至马塔家一谈。灯下作致云山函,述经理商标及托购婢事,看《王子裳道西斋日记》一册。

十月二十六日(12月2日) 晴。午后,听讲财政。门灯下看钱观察老师《欧游随笔日记》。看友人近年所寄余尺牍良久。

十月二十七日(12月3日) 晴,微雨。报载旅顺最大炮台,已入日人之手,恐俄人在内难以支持矣。灯下看《钱琴斋日记》,一点后始就寝。

十月二十八日(12月4日) 晴,小雨一阵,微暖。早接南京钱府来讣,始悉钱师系于今秋七月廿四日在金陵学堂营务差次仙逝,享寿六十有二岁。少琴世兄在江西饶州乐平教案盐务差次,尚有伊庶母所出两弟在侧,亲视含殓。明日拟作函慰唁之。午后,赴恨材医生家一谈。浊近稍愈,丸药、打水照常用之,惟菅内时觉微有痛痒。虽未痊,可谅无他碍也。卧床看日记良久。

十月二十九日(12月5日) 晴,微雨。(腹痛呕吐)午刻,译电报,未出门听讲。京师大学堂电聘奥驻翻译薛锡成静三为德文教习,月脩百五十金。薛君大约系因新婚之后,为西妇所累,不愿作此远游,遂求杨小川星使电复,谓学业未毕,不敢就聘,余详函云云。以愚见度之,薛君可谓失机矣。又接苏抚端中丞电,宵派饶智兄带赴德学生十二人,于廿七搭坐德公司船放洋,到时祈照料云云。晚,余在公事房与赓参赞久谈。受窗间冷风,晚膳毕,肚中作响,腹痛异常,令人难支,后呕吐毕,始渐清爽。看薛星使叔耘《四国日记》良久。

十月卅日(12月6日) 晴,晚微雨。早,广东工匠六人来谈良久,年皆二三十岁,据云,在华曾学机器。十年、八年不等,此番来德,拟向精处求之,限一年满期内,仅一人能晓英语,德语皆不知也。午后,照常往听讲。灯下看薛公日记消遣。

十一月初一日(12 月 7 日)　晴,晚微雨。晨起接京电,译出知星使已得蝉联,电文录后(电传谕旨):“军机大臣面奉谕旨,德国出使大臣荫昌著勿庸更换,钦此,东。”因系电传谕旨,同人亦未为星使贺,祇得文到后再说耳。午后,读法文。看许星使日记,内中可采之处甚多。恙近日又觉轻减,药照常用之,睡后良久不能成寐。

十一月初二日(12 月 8 日)　晴,晚微雨。昨日蝉联京电到后,同人亦未抠衣为星使贺喜,因星使暂不拟摺谢恩也。看薛星使日记数十页。夜,良久甫能成寐。

十一月初三日(12 月 9 日)　晴。早,同星使谈论续调人员事。午后,作致张梓材二函,述京电事。灯下看日记数十页。薛锡成一席,星使以同文馆学生唐德萱日新荐之,电今午后发。

十一月初四日(12 月 10 日)　晴。早,发薪水。阅报知旅顺口西国名曰“坡尔特阿尔土耳”。其名之来历,系因昔(千八百六十年)英法两国会师燕都时,英水师遍巡渤海,英提督舰以因险驶赴旅顺口内,斯时尚无西名,遂以该船主之名之“坡尔特”三字,盖译作口岸也。晚,同乔少泉参使久谈,灯下阅报。

十一月初五日(12 月 11 日)　星期。午刻,宪太夫人招食大面,黄碧湾亦来,共座十人。餐毕,观操麻雀,看报时许。回房后,阅徐仲虎观察(建寅)西游日记。时在德充二等参赞,兼以查看欧洲工厂,料理购订船只、军械等事。此公精于制造,前年在铁厂差次,因火药库失慎以毙命,闻者惜之。灯下阅曾侯日记,阅至曾侯在沪登轮放洋时,其女公子广璇哭泣甚伤,曾侯亦不禁流涕,余亦忆及前在家起身时,家慈哭泣甚伤,又加荣宝臣适来房谈及星使蝉联之事,及伊出门儿女送别之景况,余遂不觉流涕久之。虽云明年可回华一走,但未敢必耳。

十一月初六日(12 月 12 日)　晴。早,阅《新闻报》,李勉帅抵宁任未及两月,因病开缺,奉上谕以东巡周中丞调署。东巡一缺,以藩司胡廷干护理,同文日报颇奖苏巡端中丞方,不以周署两江为然,盖同文报中有端之党羽。中国日报，多半如此，不足怪耳。午后，听讲欧洲国史。灯下看曾侯日记，多佳议论。

十一月初七日(12 月 13 日) 晴。午后，听讲财政学，看《曾云敏公日记》。按：曾侯系于光绪四年十月廿八，自申放洋，十二年十月二十三日，东渡抵沪，先驻英法各半，后兼俄，又改仅英俄，驻洋计共约八载。晚，宪太夫人处操麻雀良久。

十一月初八日(12 月 14 日) 晴。午刻，星使发直隶袁宫保电，调张梓材来德，充当文案随员。午后，读法文时许。灯下作致张梓材一信。

十一月初九日(12 月 15 日) 晴。晨起，收拾馆房报销，午后，赴大学堂听讲美洲史，散时告以因松节在即，(放假至)西历年后正月初五日开课。灯下作致刘彦士、张云山各一信。

十一月初十日(12 月 16 日) 晴。午后，听讲财政。报载本年冬季，大学堂生徒共计七千七百七十四人，较上年冬季多二百七十一名，较上次夏季多千六百七十八名，内学方言者(〣〧〥)人，学律者(〢〧〥〦)人，学医者(〡一〡一)人，学性理(哲学)(〣〥〧〢)，内有普人(〥〥〣〨)，德国各邦送来者计(〡〇〨〢)，其余欧洲各国者计(〩〨〡)人，由他洲来就学者计(〡〧〣)人，内有美洲者(〡〦〣)人。

十一月十一日(12 月 17 日) 晴，微雨。作致葛君德字函。晚，宪太夫人处一坐。看王星使《使俄草》，系光绪二十年专使赴俄唁贺，按头等公使接待，并赏头等第二大宝星。

十一月十二日(12 月 18 日) 晴，冷风。早，译外务部由俄京转一电，议赔款用途事。午后，恨材大夫家一坐，赠余之影片一张。后顺道至美雅家谈甚久，并劝余入经济(律例)财政会，常年帮款德银十六马，每月聚会一次，晚餐会员不取值，惟饮酒系在外，此外每月尚阅看厂局衙署等一次。

十一月十三日(入律例财政会)(12 月 19 日) 晴。午后，大学堂听讲欧洲史（年前第一次）。晚，赴律例财政会听演说，所演系欧洲银行原委及其通行股票律等事。约历两小时，后同席晚餐，约四五十人。十二钟回署。

十一月十四日(12月20日)　晴。现和京重申保和会（息讼会，弭兵会）之说，并将中国列入头等国内，故会中用费，应照头等拟派云。午后，大学堂听讲财政学，到者仅百人，盖西节在即，西人多远乡里度岁，财政学一门今日系末一次，拟明年正月初六日开讲。其他二门，一则初五开，一则初九开，大约总在两礼拜左右。停课有迟早之不一，故开课亦有先后耳。灯下阅《王星使日记》，所记英、法、俄、德、奥、义六国情形甚恰当。

十一月十五日(12月21日)　晴。柏林学堂皆于本日放假（西十二月廿一日），明年正月初五日开学。今日为本年最短之一日，柏林约白昼七钟三十四分。明日为冬日（中国冬至），日渐加长一分钟，故明日白昼有七钟三十五分，与中国计算相同。灯下看书良久。

十一月十六日(12月22日)　晴，冷。冬至节。午后，见客数次，后写信数封，灯下仍接写，看日记时许，今日接得外格尔家道报喜单，知伊家长女安纳已与刑律官某君定亲，不胜为之大喜，盖西国犹太人家或女身倭小不善应酬，又无学问女工诸能事，难与官场人结亲，今安纳女郎与余相识甚久，每与友一谈论婚姻，颇为代虑，今果能与某刑律官（职略似中国进士）定亲，寔乃喜出望外，故为记数语于此，可见世上最要者钱财居首，否则何克臻此。

十一月十七日(12月23日)　阴，冷甚。大家皆照旧例，赏给男女洋仆节礼，每人十马、六马、四马不等。午后，接驻俄胡星使馨吾（惟德）自和国来电，云今晚来柏林。至时遂同星使、参随共五人诣车站。九钟一刻车到，同至莫挪坡尔客栈一坐，馨翁年约五十内，言谈颇佳，通西方文字，轻车简从，未携随人，一人径行数国，若非熟悉语言情形，万难做到耳。谈和京保和会事刻许。

十一月十八日(12月24日)　晴，冷风。早，胡星使来馆，与立谈数语。晚,复偕同人赴车站送胡星使行,十一钟开车后乃返。今午,外部来电,嘱开驻德馆参赞领事衔名,谅朝廷将有恩赏否。

十一月十九日(12月25日) 西洋松树节,星期。午后,往拜姚正甫宝名,谈甚久。后杨小川星使之子侄二君来一谈。晚,宪太夫人处操麻雀时许。

十一月廿日(12月26日) 晴,微雨,冷,地始冰。今日仍为松树节,官商皆不办事。早亚君来一谈。午后,往拜薛东芝,与其夫妇一谈。后合写致京师汪勛西兄一信片。灯下看德国制度书良久。

十一月廿一日(12月27日) 晴,冷。外间寒暑表零下二度,房内者零上十度。午后,上街购物。灯下看法文及德国制度书良久。

十一月廿二日(12月28日) 晴,较昨犹冷。午后,译总署赔款辩论还金事。灯下同宪眷操雀良久。

十一月廿三日(12月29日) 晴,微雨,较昨暖。写各处贺年片二十余分,厨役周清因故告退,余等拟自明日起,个人自己设法备餐。闻向来使署厨役不安分者居多,囊橐既裕,则身价遂高,稍不满意即敢请主人代打船票以后回华。似此小人,乍见之殊可恨,细思之,殊可怜,因其胸中计算也。

十一月廿四日(12月30日) 阴雨,大风。午、晚两餐均自做,午面包,晚汤面。午后,译译署赔款偿金电。晚,同宪太夫人操麻雀时许。风鼓如牛吼,屋瓦震动。

十一月廿五日(12月31日) 阴,大雪,大风,冷甚。今为西国除夕。明日为余到洋三载期满,理合循案报满请奖。午刻,遂偕张养田、荣宝臣等三人各携履历、白禀禀由及请保之单,余此次系请保免补本班,以直隶州知州仍分省归候补班,遇缺尽先前补用,并加知府衔。星使以张、荣两人所请有不合例处,拟函询北京再订。果尔,则出奏当在明年三月后耳。洋外办事,如此掣肘,以此一端可类推矣。晚,应梅君夫妇之约同守除夕。钟交十二,大家握手欢呼新岁。饮蓬施酒,食番饼,然后各人以镕铅浸凉水盆内,观其形样,以断本年之吉凶。闻英人以燃烛十二置地上，意作十二个月，使女子依次由上跃过，以灯火不扑者为吉，第几火扑灭则主第几月不利，竟偶有应者，中西习俗大半相同。一钟回署。今晚觅马车殊属不易，雪地难步行，出门人又多也。

十一月廿六日(1905年1月1日) （西国元旦）大风，雪后冷。自昨日起午饭在对门酒馆内就食，计一汤、一茶、二菜，一小点酒在外算，每餐一马克。不饮皮酒者，外加十分钱。晚餐仍自做，黄油、面包、火腿、挂面、鸡蛋之类耳。午后，阅华文报良[久]。晚，同宪太夫[人]操麻雀时许。

十一月廿七日(1月2日) （俄失旅顺口，俄官出降。）晴，冷。终日未出门。早，接某报馆电，云旅顺口已入日人之手矣。以此观之，俄东海水师将折回欧洋面，盖徒劳无济也。灯下看制度书数页。

十一月廿八日(1月3日) 阴，夜大雪。北洋袁宫保电，赓参赞音泰回华，以应要差，月薪八百金云云。午后，阅沪报知，前广西巡抚王芍棠制军在沪被刺客万福华枪击未中，凶手已获，并攀出同谋十余人，均在会审公堂收押。晚，宪太夫人处打麻雀良久。后临窗观雪，大片如鹅毛，殊雅观也。气候不寒。

十一月廿九日(1月4日) 晴，微暖，雪尽化。午后，同赓世兄谈法文良久。灯下陪宪太夫人作叶子戏。

十一月卅日(1月5日) 阴雨。早，江南派到学生十二名，监督饶君（内阁中书，字石顽，印智元）因事留住巴黎，有薛君翻译率领并饶君眷属亦同来。学生多金陵陆师学堂生，余接见后谈甚久。灯下阅《王芍棠使俄草》知前回华道经西贡，登岸后为人用手枪击中左腕，想系日人恨其党俄。其时，日得辽阳，俄、法、德出为阻止，事在光绪二十一年闰五月初八日也，今番万福华之刺，系第二次，亦以党为言，究竟不知为何耳。按：中国刺客前亦屡见，如同治年间某步兵误刺青州知府王汝纳，又张汶祥挟嫌刺江都马新贻。甲午之役后，日人枪击李传相于马关，系因邀名，闻乃日人惯态也。

十二月初一日(1 月 6 日) 阴雨。午后,赴大学堂听讲财政学。灯下操麻雀时许。看书数页。

十二月初二日(1 月 7 日) 阴雨。晚,柏姑娘家邀食晚餐,系日本菜蔬,同座计十人,亥末席散。

十二月初三日(1 月 8 日) 晴,星期。未出门,看报良久,灯下操麻雀时许。

十二月初四日(1 月 9 日) 阴雨。早,发薪水,鄂都候选内阁中书,饶智元来德。又前金陵陆师学堂陈兰薰印棋,亦由英美来此。午后,听讲归,往拜兰薰不遇,书数行留栈房乃返。

十二月初五日(1 月 10 日) 晴。午后,监督饶顽石来拜不遇。晚,宪太夫人来谈。操麻雀时许。

十二月初六日(1 月 11 日) 晴。午后,缮致德外部电稿,直隶袁宫保电调赓参赞回华,充当要差,月薪八百金,韶翁以腿疾肺病不敢应命,故昨以电覆,今晨又接电,仍望星使代聘通晓德语、熟习交涉之员云云。晚,同乔少泉参使等四人设宴,为唐日新践行。有四川监督杨雨田及永弗生、程济之等,陈兰薰、际叔炳因事未到。同座计八人,八钟后席散,茶多。

十二月初七日(1 月 12 日) 阴雨。午后,电报数道,晚金俊卿□棣寿日,邀余赴宴,同座计十六人,散后返署已逾十二钟矣。

十二月初八日(1 月 13 日) 晴,风,冷。晚,福兰格夫人家招饮,八钟偕养田同往,同席计十人,多旧相识,十二钟回署。风寒异常。

十二月初九日(1 月 14 日) 晴,冷。午后,赴大学堂换入名票。先将该堂印就之数票按格填好,连旧票据交文案处,当时领一新票,即刻将姓名填好,再交该文案填写号头,则持此票出,据票换票之事毕矣。晚餐后洗澡,后宪太夫人处一谈。袁宫保电调通德文,并请交涉之员,星使以随员中颇难其人,故以此意直告之矣。

十二月初十日(1 月 15 日) 晴,冷。早起肩背酸痛,想夜睡受风之故。午刻，赴车站送唐日新（德萱）行，系补京师大学堂薛锡成教习一席，月薪百五十金。饭后至医生家一坐，据云药水刻可停止。因水可止浊，若久用之，亦可提浊过甚，使之不尽也，故宜停八日，再观如何。回署后肩仍痛，头又浑，遂再沐浴一次，因昨晚澡水过凉，料洗毕未及着衣，乃呕吐所有，少顷心中稍觉安然。晚膳系稀饭及挂面汤，宪太夫人之所赐也。

十二月十一日（1月16日）　晴，冷。午后赴银［行］，晤梅森君刻许。今早厨役周庆告退回华，又使女秋菊因许以为妻，故亦偕行。馆中上下之人日渐其少，总计之，现仅十人耳。晚操麻雀。

十二月十二日（1月17日）　风，冷，晴。听讲归，灯下看书良久。朗诵刻余。

十二月十三日（1月18日）　晴。自本日起，余等三人之伙食每月每份六十马，归薙发夫马仲林按旬领去，备办中晚两餐。午后，读法文时许。接家书，家眷有十一月中旬赴皖之说。灯下操麻雀时许。

十二月十四日（1月19日）　晴。日来饭食颇可入口，连食洋饭多日，忽见华餐尤觉香味异常也。看书良久。灯下作麻雀时许。

十二月十五日（1月20日）　晴。晚，同乔少泉参使等四人，偕星使赴朝会，分乘二车，七钟半抵德宫。男女各有到者，衣服鲜明，女后拖裙约长一二密达，花色不一，首有戴白纱，后乘长逾数尺者，甚属雅观。德皇夫妇立阶上，皇弟及后妹以及世子、各亲王均在旁，一切礼节如壬寅年冬。按：此朝会，德名得非理亚库瓦。九钟半即回署。灯下看钱琴师《重游东瀛阅操记》数页，知日人于姓名之下称阁下者，必大臣、次官、二三品大员及星使；其次则称贵下，如用于使署参随之类；再次则称殿，均属尊称。寻常曰样，则庶民之通称。考阁下三称，寔从唐时相公阁下。

十二月十六日（1月21日）　晴。看《阅操记》。晤赓韶甫刻许。灯下看书良久。

十二月十七日（1月22日）（俄京民乱。）　晴，星期。早，江南学生来一谈。午后，阅报时许。晚，同养田应外格尔家之招，因外女郎定亲后，今日系初次相见，故购鲜花一柄携送，并为道喜。座中有法国女人，应酬甚好，与谈甚久。十二钟散归。

十二月十八日(1月23日) 晴。早，阅报谓俄京圣彼得堡昨日工人聚众求见俄皇，俄皇已他出，守宫兵队令退，众不听，遂开枪毙约百数十人，伤数百人。俄京遍地多积雪，鲜血染红太平世界，听此殊令心酸。众无器械，云今日仍欲携械再往复仇，不知俄政府将何以善其后也。今日为德皇宫宝星会，凡得该国宝星者，均邀赴会，并在白厅同德皇及后同宴。太子、王妃、各部大臣均与席。午后，赴大学校，顺道游画馆数处。灯下操麻雀良久。

十二月十九日(1月24日) 晴。午后，听讲归，因误购车票，有违行车章程，应照例罚德银六马克，并应告名姓、住址，且给六马凭票一纸为证，足见西人做事公道也。晚，操麻雀。

十二月廿日(1月25日) 晴，微雨。终日未出门，译缮外务部电，为俄国称中国有不守中立者五，我国又指俄有违背中立例五，洋洋数百言，不过告各国勿疑中国有助战日本耳。灯下仍缮译稿。接张梓材一信。德皇以第二太子患病甚重，已将寿日宫中应行礼节一概免去。惟是晚首相宴各使臣仍旧行之。

十二月廿一日(1月26日) 晴。早，将电稿缮毕，计八幅。午后，听讲。灯下作家书一函。

十二月廿二日(1月27日) 晴。今日为德皇寿，日本署以及各官署、店铺均悬旗。晚间多有燃电灯灯碑者，陈兰薰、张雨葵由克色尔城来。午后邀进城游二蜡人馆及蜡人医家馆，后往冬天花园观剧。前日德宫宝星会面告星使，谓俄称中国有破中立例，美廷来商，德皇颇关爱中韩，总求保全中国大局为要义等语。上意甚欣悦，并电转谢。

日记　卷拾

在柏林记

光绪甲辰(光绪三十年)腊月廿三日起
至光绪乙巳(光绪三十一年)六月初七日止

(1905年1月28日—1905年7月9日)

光绪三十年腊月廿三日西历千九百零五年正月二十八号(1905年1月28日)　阴雨。晚,陈兰薰来谈,后同上街一游,在施女郎家一坐,乃返。

腊月廿四日(1月29日)　阴雨,风,星期。早,瑞典使署随员杭君来一谈,饭后宪太夫人处一坐。晚,偕陈兰薰观剧。有一人能于片刻改装伴,作伞最常神速,令人莫解。便酌毕,性步一游,乃返。

腊月廿五日(1月30日)　阴晴参半。早,缮致和外部电稿,约计数千言。晚,赴律学财政会,今日系会首梅尔君演说"德属邦(西南斐洲地)黑唉欧国律及民生",各生议论甚博,到者约数百人,德皇后之弟某(准特尔公爵)亦在座,演罢大家聚饮良久。余晤夫楼格君多时,谈当日首相毕司马父子在朝情形甚详。后与瑞典使署随员哈君性步小游,十二钟后返署。

腊月廿六日(1月31日)　降雨,大风。午后,听讲,灯下作麻雀戏时许。

腊月廿七日(2月1日)　阴雨。午后,陪陈兰薰购物时余。灯下书贺年帖数纸,看日记数页。

腊月廿八日(2月2日) 阴雨。午后,听讲归,答拜瑞典使署随员哈君,与[谈]刻许。灯下写贺年片数纸,陪宪太夫人等叉麻雀时许。

腊月廿九日(2月3日) 晴。午后,偕会友等共约六七十人,往观舒入海思酿皮酒公司,地基居十字山下,距柏林城约半钟时候。局面甚大,内分机器房、成冷气房、酿皮酒房、装酒入甬房、装酒入瓶房、置放瓶酒房、置放甬酒房(系在地窖内,甬甚大,可容一百黑克托利他)、做筒房、做车房、养马房(颇洁净)、养病房、教养工人幼孩房,一切极有次序。工人约八百人。此系总公司,尚有分局二,次云近数年来获利甚厚,故一切皆应逐年扩充,工作用机器、人力各半。阅毕在厅事聚谈良久。公司执事某君演说,会中总理亦有答辞,并谢一切指引盛意。彼此作问答时许,乃辞出,各分道归。顺便游十字山一周,登其顶,全城在目。返署后,抠衣冠偕参随、学生等,为宪太夫人辞岁。七钟半余等自备晚餐度岁,计同座六人。相识有用信片贺年者,余亦答之。晚,宪太夫人处一坐,后作灯课时许,看《东游记程》至子正就寝。

光绪三十一年乙巳正月元旦(2月4日,中国春节) 晨起,见窗外积雪约寸许。照例悬旗、拜牌,游学生监督杨雨田、饶石顽均来随班行礼。彼此团拜毕,大家至余房一坐(此次江南、四川、湖北、广东学生来到)。午餐,宪太夫人赏食饺子。后见客数次,灯下叉麻雀。

正月初二日(2月5日) 晴,星期。午后,往恨医生家一坐,返时顺道购药。因据医云,浊尚未全净,内营仍应将药水加重冲洗也。后至万牲园闲步。灯下写账良久。晚,接外务部电,户部借定汇丰金款一万镑,合同载明其半数股票,准德华在柏林出售,由星使于票上加盖关防,并与银行商办一切,详细合同容后抄寄。

正月初三日(2月6日) 晴。早九钟一刻,星使夫人举添一子,大小平,乳名铁儿。阖署上下无不喜形于色,盖星使年近五旬始得长子,焉得不喜哉。午后,同赓韶甫、乔少泉两参赞往答拜游学生监督饶石顽公，出晤杨雨亭良久。看法文数页。宪太夫人来房一坐，就寝较早。

正月初四(2月7日)　阴。早，发薪水。湖北入营各生，皆由邮寄去。今日同乔参赞等共四，备礼四色，如卦面、鸡子、鸡蛋、饼干，送宪夫人为洗三之仪。午后，听讲毕，购得该学校本季学校人员及士子名册一本，内载姓氏、里居、所习何专门、何时入校以及何洲何国、共有几人，无不了如指掌。中国此次连余共五人，前时尚不及此数也。灯下看书良久。本礼拜日晚至门近大礼拜堂观礼拜，堂分上下二层，约容千余人，形同此间戏园，堂上设案桌，设天主像，像前有耶稣钉于十字架上，再前燃烛四对，大家坐定后，对面楼上风琴作，大家唱歌，少顷教士至案前喧讲数语，乐复作，大家又歌，后教士至案右小楼阁内，照经喧解良久，不外爱人之道。因将晚餐，余遂离座，行至门首，门丁持铜匣来求香资，可随意与之，昨露记，今附于此。

正月初五日(2月8日)　晴。午刻，衣冠往宪太夫人处叩喜(三朝)。午后，读法文良久。今晚德宫有跳舞宴会，星使因馆中无人照应，且产妇、婴儿恐有需人之处，特命余留馆，故先一日缮函致德礼官衙署，托病相辞。晚间，星使率张、荣两随员前往，以福、乔二参赞亦先日辞却也。灯下陪宪太夫人久谈，阅报数段。

正月初六日(2月9日)　晴。(德国名画师孟才尔今日病故，年八十九岁。)午后，出门看义大利国可莫湖景数十幅。晚，作家书一函，与养田一谈。

正月初七日(2月10日)　晴。午后，听讲，顺街小步，灯下看法文《保和会(荷京)西历上年会议清册》，计共二十六国(内无土耳其国)，分七等，应出会费亦各有等差，中国亦入头等，日本近由三等改列头等。头等计九国，如德、法、英、俄、意、奥、美、中国、日本是也；西班牙一国归二等；三等四国为比、和、瑞典、乌美尼；四等四国为丹马、瑞士、挪威、葡萄牙；五等四国为希腊、墨西哥、赛尔宾、布尔加；六等三国为波斯、暹罗、卢森堡，七等一国为满特勒革罗。其会费由一万四千七百零八古丁二十五分，递减至六十五古丁三十七分，此系西历上年各国应拟之数也。

正月初八日(2月11日) 大雪终日，冷。午后，作法文函一件，看法良久，陪宪太夫人谈刻余。本日星使将留任公文发交文案房，以备办谢摺，余等保奖亦今日发房，大约开印前可出奏也。

正月初九日(2月12日) 晴，冷，微雪，星期。午后，赴奥托汽车赛会场一观，车形略似寻常马车，可坐二三至五六人不等，间亦有能容十余人者。由数匹马力至十余匹马力，价在数千马克，以一人掌轮，可前可后，左右亦如意。前日德皇亦亲临此会，并购置一辆。会中除设汽车外，尚有专售汽车应随各物，如象皮车轮、车灯。乘车男女之衣服靴帽、风镜、手套等物，另设分店。今值星期，游人极多，不便细阅，约历两小时，乃返。灯下宪太夫人来谈家务时许。

正月初十日(2月13日) 晴。早，画师孟才尔出殡，德皇及后、各部大臣、提镇、各使臣、各大学校士子皆与者。灯下看德制度书良久。

正月十一日(2月14日) 晴。早，接张梓材兄函，知前电已收到，约二月底可来柏林也。晚，葛君来久谈。

正月十二日(2月15日) 晴，冷。午后，读法文时许，梓材兄欲携来之供事书法欠工，星使去电阻勿带，不知尚能有济否。灯下看书，后宪太夫人来久谈。

正月十三日(2月16日) 晴。早，接梓兄函谓："前电未提供事，故拟不带等语。"午后，诣武备书庄一坐。听讲毕，又至某店购绣画数十幅，蒋可赞兄托者也。灯下作家书。

正月十四日(2月17日) 晴雨各半。阅电：俄旧京莫斯考总督色尔月司亲王，今日被乱党二人用炸弹投车下，王及车夫、马匹当时殒命，身体四分八裂。按：王系俄皇之叔父，又妻俄后之姊，年四十九岁，凶手被擒。查今皇祖父亚立桑德第二于千八百八十一年，又内政大臣仆勒物于客岁被害情形，事同一律，幸东亚此风尚未习染耳。午后，听讲。灯下看德国制度书及法文良久。

正月十五日(2月18日)　晴，暖。元宵佳节。午后，阅欧洲各国武备水师考，均附图样，一目了然。晚，宝臣来久谈，俄色亲王之死，德廷穿孝八日。

正月十六日(2月19日)　晴，微雪，星期。午后，恨材家一坐，谈病事刻许。回署后维君来一谈，灯下看《俄水陆师考》良久。

正月十七日(2月20日)　晴。午后，观俄旧京莫斯考及瑞士国图景，顺道赴学校。灯下书信片数纸，看书良久。

正月十八日(2月21日)　晴。午后，听讲财政。晚，赴会听演说"欧洲农务田产"事，约历三小时，演毕余与会董一握谈，乃返，时已十一钟半矣。今日杨地山赠余着军衣相片一张。

正月十九日(2月22日)　晴。午后五钟，维色克君来约同赴波兰堡城之会。火车行一钟半始到，维君令兄已备马车在车站候迎，先至其家晚餐，同赴会场。男女二百余人，衣服鲜明，多从古式，八钟开会，十钟晚宴。席间，同博得女郎谈甚久，所论不过中西习俗不同各事。席散后，仍跳舞，间作小戏。舞法甚好，颇有次序。后同维君眷属等拍照毕，主人仍以马车送至车站，二钟登车，小卧半时，已抵柏林矣。四钟就寝。

正月二十日(2月23日)　晴。晚听福兰格演说"东亚近五十年来交涉关系"，听者约二三百人。历一钟半之久，返署后就寝较早。

正月二十一日(2月24日)　晴。午后，听讲财政，顺道购下季学校喧讲目录一册。作灯课良久。此次请奖摺片，今日发局，谅端阳节前可有部覆矣。

正月二十二日(2月25日)　晴。看前次和京保和会章良久。晚，宪太夫[人]来一谈。作灯课时许。

正月二十三日(2月26日)　晴，星期。午前，黄碧湾来餐毕，同赴大树林一游，见西人多有在露天中坐饮者，后乘奥头汽车回署。阅保和会条款数页。晚，宪太夫人来久坐。德皇从堂弟夫理希罗波亲王，今晚十钟后登车，前赴满洲俄营观战，并顺道北京拟请觐见。亲王来辞行，星使亦赴车站送行，德廷自德皇以下皆到场，盖系远行也。

正月二十四日(2月27日) 晴。看华、德文保和会蒇事文据一通，系西历千八百九十九年事。俄皇创设，聚会和都，共计二十六国，分三大条款及声明文件三件，末附六款(惟第二条款，未经批准见公牍，以中国兵士不明公法，故难应允)。午后，进城一走。

正月二十五日(2月28日) 晴。早，阅保和会奏折及与俄、和两外部往来文件。午后，听讲。灯下看代刘文泉兄所购武备书籍良久。

正月二十六日(3月1日) 晴。午后，看公法书、谈法文各时许。灯下作家书，嘱内子常作家信，俾资练习。云目下眷属寄居皖垣板井巷。

正月二十七日(3月2日) 阴雨。午后，赴书铺还账。听讲毕，赴大店购小孩乘车一辆，价八十一马，被盖在外；又购各色洋绸八块，共价百三十余马，为送星使用者。灯下看法律书良久，同养田谈京津往事时许。

正月二十八日(3月3日) 晴。午后，听讲财政学，此课今日系末次。讲毕，大家均请博士签名及日月于各人簿中，人多拥挤异常。历时甚久始得到班。灯下看法律学书数页。

正月二十九日(3月4日) 晴。灯下写账、看书良久。福兰格君因皇宫宴会事来一谈。

正月三十日(3月5日) 晴，星期。今日为程济之寿，邀午餐，同席计八人，余赠以笔架、烟碟二色。午后，赴医生处一坐，谈旧恙片刻。灯下写本月账目，看书良久。

二月初一日(3月6日) 晴。午后，赴大学堂听讲，今日系末一次。从此，约放假一月余。晚，宪太夫人来久谈。

二月初二日(3月7日) 晴。午后，大家抠衣为宪眷叩禧，因新生儿今日弥月也。后与金俊卿谈在德学矿事良久。晚，随星使等共四人赴德宫跳舞会及晚宴，一切如上年，夜十二钟散归。

二月初三日(3月8日)　晴。午后，微雨，赓德祥来谈良久，后宪太夫人处一坐。

二月初四日(3月9日)　阴雨。早，发薪水。午后，灯下看法律书数页。荣宝臣来一谈。

二月初五日(3月10日)　晴，微雨。近日体气不爽，微觉伤风，下步仍不甚得力。午后，乔少泉来久谈。灯下作致张辛田一信，兼赠以柏林图壹册。阅报知日人已占据盛京城，俄人败，北走矣；又闻俄东海舰队已展轮西归，谅不诬也。

二月初六日(3月11日)　晴，微雨。早，缮致和外部法文函两件，因外部大臣林登告退，以海军大臣唉黎司暂署事。午刻，宪太夫人招饮，计坐两桌共十九人，系华餐、洋酒。席散后，同薛东芝一谈。看公法书数页。晚九钟半，德首相毕罗夫人见客，至时同养田、宝臣随星使赴相府。首相迎于堂外，其夫人立堂中，皆握手为礼。人客甚多，拥挤过于皇宫。游观各室，如首相之书房、签押房、客房、大厅，花园又有一室，内中陈设皆从前首相毕思马之式，毕相所用之二写字桌，亦在其大厅之两旁。设酒点，听人自取。所来者如公使人员、本国文武官及富绅、贵族，男多于女，共计数千人。与数相识立谈时许。十二钟返署，茶若许乃就寝。按：毕罗夫人先曾嫁德国某君，现仍充驻某国公使。退婚后，再嫁毕相。年较毕相甚长，今约五十岁，容似三十余者，系义大利产，工弹唱，幼年甚美。其母尚在，幼亦有美名。由是以观，西洋妇人再醮，于体面无所伤也，相臣尚娶再醮妇，常人无论矣。

二月初七日(3月12日)　晴，星期。未出门。午后，杨星使、王世兄来久谈，去后看公法书良久，灯下接读，又在宪太夫人处操麻雀时许。阅洋报知日人占据盛京后，又进兵铁岭，俄人力难支持，向北而逃，所失甚巨。苦鲁巴舍总统已电奏俄皇东方军情，并自请退。据报云：俄失十万人，被虏约万人，炮、枪、弹药、车马、粮无数。日伤亦四五万人。

二月初八日(3月13日) 晴爽,午刻雨一阵。早,商译国书,其文曰:“大清国大皇帝问大德国大皇帝好,朕钦奉慈禧皇太后懿旨,本年七旬寿辰,远荷专书致贺,由贵国驻京大臣敬谨呈递,颂祝周备,吉语骈蕃,欣悦之余,寔纫厚意。我两国夙称亲睦,历久弥新,从此益见真诚,邦交永固。惟愿大皇帝长膺福禄,国泰民安,昇平共享。朕仰承慈训,特修书答谢,望鉴察焉。大清光绪三十年十一月二十二日。”国书后黄纸上下镶龙边,书上下皮后黄绫绣龙,封套亦然,封外用同式黄绫包,包外再用黄绫夹板,使臣到任之国书较此华丽雅观。午后,乘汽车赴大树林中一游,气清异常,后复至城里闲步时许。灯下看书数页。

二月初九日(3月14日) 晴爽。晚雨,暖。午后,看律学书及德国制度书良久。晚,晤赓韶翁参使刻许,伊病喉,言谈甚觉费力,余劝其早医治。作灯课时许。

二月初十日(3月15日) 晴暖,终日清和,柏林不多见之日也。午后,看法文良久,灯下看法律书。

二月十一日(3月16日) 晴。午后,覆各处信函数件,灯下看德国制度书良久。

二月十二日(3月17日) 晴,微雨。拟于西月底请客,缮请帖数十份,灯下看书数页。

二月十三日(3月18日) 晴。早,膳请帖,晤柏姑娘刻许。午后,缮致外部大臣一函,求伊转递谢贺寿之国书并译稿。后见客数次。灯下阅报知今日国家专派满洲总督一员,速赴盛京新任。

二月十四日(3月19日) 晴,星期。午后,赴恨材家一坐,又乘车至树林一游。灯下看书理账目良久。

二月十五日(3月20日) 晴,午后阴雨兼雾。早间料理请客人位良久。午后,赴银行晤墨森君,向其借光绪二十四年续借英德商款合同一用,因使署无存案也。后看画景数十幅。灯下算上年报销册时许，看法国制度书数页。

二月十六日(3月21日) 晴。午后，算报销时许，计上年用款共库平银四万九千七百九十五两余。晚，赴梅雅君之宴，共约四五十人，男多于女，多系他国人，计分十七国。席间各国有一人立起演本国语言一段，再令他人译以德语，甚属有趣，寔一不可多得之聚会也。十二钟后回署。

二月十七日(3月22日) 晴。午后，作课良久，葛君来久谈。灯下看保和会章数页。

二月十八日(3月23日) 晴。早，誊写续借英德商款合同。午后，上街赴二书坊各一坐，顺街闲步时许。晚，宪眷处一谈，看书数页。德皇及后皆各自出游，后同赴地中海。

二月十九日(3月24日) 晴冷，微风。午后，灯下看德国制度书数十页，口诵良久。

二月二十日(3月25日) 晴。午后，上街闲步，购花球二枚，赠奇森克夫人，需德银四马。灯下看德国制度书数页，观操麻雀者时许。

二月二十一日(3月26日) 晴，星期。午后，作湖北游学生去年下半年报销事良久，看制度书数页。晚，宪眷处坐时许。

二月二十二日(3月27日) 阴晴各半。晚，赴律例财政会听演说"英国近年来财政"。餐毕，同瑞典使署随员哈君小步刻许，十二钟后回署。

二月二十三日(3月28日) 晴。午后，同养田、宝臣上街购物，宪太夫人下月朔日寿辰也。晚，赴皇帝院，听德国医官库恩演说"论德属地西南阿非利加黑尔唉罗种类及其肇乱之由"，兼设影图，无异身临其境，听者数千人，约历两小时乃散。回署茶谈良久，遂就寝。

二月二十四(五)日(3月29日) 阴雨。午后，奥署随员江仲良(国珍)来拜，谈时许，杨星使小川亦同来。晚，与宝臣冒雨往答拜，未遇乃返。今日接到波兰堡维色克君寄来相片一纸，男女共八，系前月往赴会，彼夜间以电光所拍，眉目尚觉清爽，惟颜色较深耳。灯下看书良久，一钟始睡。

二月二十五(四)日(3月30日) 阴雨终日。未出门，灯下看律书数页。

二月二十六日(3月31日) 晴阴各半，雨雹片刻。午后七钟，偕星使及乔少泉、张养田、荣宝臣并四川游学生监督杨雨田等六人乘马车至皇帝院大餐馆宴客，中西计三十六人。餐厅极宽阔鲜明，较上年他厅犹大，四周饰以各国旗帜。席间并设各样鲜花，餐时有乐一部在奏，席散在烟房用嘎啡、小酒，立谈时许。余与天津税司务德催林君、波斯公使谈甚久，十二钟散，余等亦归。梓材今日由沪启程，乘法公司船来德。

二月二十七日(4月1日) 阴雨。午后，写账目数页，阅报：刻下德皇、德后均在地中海一带游玩。晚，宪太夫人处操麻雀时许。今日外务部电云：德皇太子成婚日，本已派亲王致贺欧美各国，是否亦派专使，希探明电覆云云。

二月二十八日(4月2日) 阴雨，星期。午后，江仲良来一谈，看书数十页。

二月二十九日(4月3日) 晴。午后，暹罗公使偕参赞某君来一谈。后同江仲良兄往听演说，今晚僚哈棣君演各国属地赴圣鲁意司赛会商情，兼设影片。散后，同仲兄赴开平司克酒房用膳，谈甚良，小步刻许。十二钟后返署。

二月三十日(4月4日) 晴。午后，葛君来授课。晚，赴马戏园观剧，有华人十二在内演唱，并有缠足妇女二，色艺尚可。

三月初一日(4月5日) 阴雨。今日为宪太夫人及宪夫人寿日，余仍与养田、宝臣送公礼六色。十一钟随班前去贺寿，一钟后午餐，分坐二桌，甚形热闹。四钟散后看书数页，灯下读德文良久。

三月初二日(4月6日) 晴，大风雪，冷。续借商款合同已缮毕，明日克寄送外务部。作致刘文泉一信，因购书事。晚，在茶房同哈君及杨千总一谈。灯下看书数页。

三月初三日(4月7日)　阴，午后大雪。晚，杨星使偕江仲良启身同赴奥，大家诣车站相送，时适大雪鹅毛大片。灯下理游学生账项良久，看报刻许。

三月初四日(4月8日)　晴，午后雪一阵。早，发薪水。午后，同养田赴外格家喜筵。因今日成婚者多，车辆均预被雇，余等遂乘寻常街车头等者前往。五钟诣新教堂，观行成亲礼，约历一小时，乃乘车至英国饭店，在彼为新夫妇及其父母贺喜，遂入席。余与法国潘特女士并坐，席间谈英语时多，因余解有限法文，女士又不能多说德之故也。酒肴两三上，岳老起席说数语道谢人客，相继又二人立说，余亦起说约数百言，不过颂新夫妇从此多福多寿，始终合洽，兼谢主人赐宴，得逢此盛举，寔三生幸，可作为将来一大好记念也。颂毕合座击掌，迎杯称羡。席间大家照印就之诗，随乐词读其词，不过颂新夫妇及其记其幼年所历之事。席散后茶少许，男女跳舞。少顷，新夫妇即去，大家散时一钟有零矣。同席共六十余人，男女各半。抵署两钟就寝。

三月初五日(4月9日)　晴，冷。早阅：俄水师已驶过新嘉坡，恐不日内将有一大海战也。午后，同黄碧湾出门闲游，至医生恨材家一谈。灯下宪太夫人处操麻雀，杨材君来谈片刻。

三月初六日(4月10日)　阴雨。晚，赴皇帝院东方会晚宴，首客系署水师提督图卜尔。近日由胶州巡抚仟回德，年约四十余岁，曾在胶州三载，人尚和平。同席共八十余人，席间主客各作颂词，后星使亦起言数语，十二钟回署。

三月初七日(4月11日)　阴雨。午后，葛君来授德文课时许，作灯课良久。

三月初八日(4月12日)　晴，暖。早，阅报知南洋水师已并归北洋，以一水师提督节制矣。午刻，接知德皇子成婚国书已寄，并奉皇太后颁赠玉如意一柄，珐琅瓶一对，已托德使赍交星使并告届期与国书并递，应将此次礼物叙入颂词之内等语。午后，上街闲步，顺道为哈君送行，明日返瑞典都城也。晚，操麻雀时许，看书数页。上月二十六日宴会共用德银一千八百三十三马（内有一百二十四马系酒资），菜牌、名贴、桌花、音乐等均在内，约或华银六百余两。

三月初九日（4月13日） 晴。午后，作家书，看法文良久，灯下看德文时许。

三月初十日（4月14日） 晴。午后，偕余晓笠来拜德副水师提督图卜尔君，其夫人亦出见，谈刻许。余到奇夫人家一坐，半载未见矣。后看法文良久，灯下立西文书籍目录簿。看报数段。

三月十一日（4月15日） 晴。早，接外务部电："嘱将馆房销册，各项马克合作华银，补册送部，以便奏销云云。"午后，及灯下仍缮写书目表，已得七十余种矣。

三月十二日（4月16日） 晴，风，星期。午后，上街看画景，访瑞士女郎潘特及韩署随员，皆不遇，性步一游。灯下作致青岛德抚图君及潘女郎各一信，看书良久。

三月十三日（4月17日） 晴，风，微雨。午后，读法文良久，后同潘女郎步游兽园，途路以英、法语交谈，七钟回署晚餐。作灯课时许，与养田谈柏林往事久之。

三月十四日（4月18日） 阴雨。午后，马海饶自伦敦回，来一谈，谈英德人情风俗之不同处。后葛君来授课。晚，宪太夫人处看操麻雀刻余，回房诵德文数页。

三月十五日（4月19日） 晴。午后，作法文课良久。晚，施女郎家谈时许，作灯课久之。

三月十六日（4月20日） 晴，暖。树木已见芽，道上有携网打球去者。早萧良臣、吴幼浦二人自营防来京，谈刻许，并赠余二人合拍相片一幅。午后，上街顺道至大学堂一观，课单大半已贴出矣。晚，宪太夫人处作麻雀戏良久。

三月十七日（4月21日） （西四月二十一日为耶稣难日，又后二日为鸡蛋节,万物发生之意也。)晴。买卖、报馆均停息一日,谓之冷礼拜五节,故是节每年迟早不一,惟应在礼拜五日期。午后,写信见客两次,灯下看书数页,德驻青岛巡抚赠余相片一张。

三月十八日(4月22日) 晴。早,炮队营丁晓树、锦子衡、李敬如三人来柏林,接谈刻许。午后,亚君偕女来一坐。晚,韩署随员赵君约观剧,十一钟散,茶少许乃归。看报数幅。

三月十九日(4月23日) 晴阴参半。西洋鸡蛋节,又名耶稣复甦日。住户往还,多用鸡蛋、雏鸡、兔子形样之果品送礼,其意在大地发生之始耳。午刻,图水师提督夫人来拜星使夫人,余亦陪坐。饭后奇夫人家邀饮嘎啡,三钟前去,并赠余写洋字墨水笔一枝。后算馆房报销册,以马克复合华银也。作灯课良久,自今晚起将榻移置大厅,以便以后早起之用。

三月二十日(4月24日) 晴。今日仍系西洋鸡蛋节,耶稣复生日也。无报纸亦不送面包。街上游人不绝,车马如织。午后,看史记舆图良久。晚,作麻雀戏时许,看书数页。

三月二十一日(4月25日) 晴阴各半。晚,星使为天津税务司德璀林君饯行,邀福兰格君及余作陪。先至客栈晤德君刻[许],遂赴国家说戏园。房屋新修改之后,鲜明异常。上下分四层,系购头等包厢票,每票十马克,戏分二出,七钟半开,十钟止。所演系古事,故衣服等不觉十分鲜明,散后赴酒馆晚餐,菜酒俱佳,三钟时始回署就寝。

三月二十二日(4月26日) 晴,风。早,雷诺游击来一谈,前曾在华游历各处,多作图说,以便设防之用。午后,看德词良久。作灯课时许,就寝略早。

三月二十三日(4月27日) 晴爽。树木渐向荣。午后,同潘女郎步游兽园,观青游人颇多,有弄小舟为戏者。晚,读法文久之,就寝略早,因早七钟后欲起也。

三月二十四日(4月28日) 晴。早,以和国外部大臣更换,缮函往贺。午后,作德文课良久,亚君偕友来一谈,作洋字函数封,读法文数页。

三月二十五日(4 月 29 日) 晴。午后,同养田上街,欲赴王家戏馆听剧,因票位已售尽,遂赴阿波罗小戏园,各小段尚属有趣。一钟回署,茶点少许,乃睡。

三月二十六日(4 月 30 日) 阴雨。树木发青,游人塞途,星期也。读书良久,作灯课时许。十一钟睡,因明日须起早也。

三月二十七日(5 月 1 日) 晴阴各半。西五月一号晨七钟前起,赴大学校付学费,计官课、私课各二门,公法学及欧洲史学系私课,计费三十马;官课二,一为俄在东亚洲,一为英国海军及商権。午后,赴大油画馆一观,购季票一纸,计六马。又购近地火车月票一纸,费四马五十分。可在所指六站之内任意搭坐,三等票犹贱。五点,冒雨赴大学听英海权及商权,甚明晰。灯下译长电,鄂雇皮工师事。

三月二十八日(5 月 2 日) 晴。早八钟赴大学听博士(封)黎斯特讲公法学,黎君年约六十余,身中,声高,亦尚清楚,不就坐。午后,看黎君手辑公法学良久,灯下接读。

三月二十九日(5 月 3 日) 晴。晨起写账,后缮洋文合同。午后,听讲欧洲史。晚,则君家招饮,同席九人,十二钟后散归。

四月初一日(5 月 4 日) 晴。早,听讲公法。午后,接巴黎孙星使电,知梓材明晨七钟半抵柏林,遂告洋仆安置一切。即晚,膳请帖十余份,拟于本星期日备华馔、西酒,为梓材洗尘也。

四月初二日(5 月 5 日) 晴,晚雨。晨七钟,同养田、宝臣赴车站迎接梓材兄。抵署后,陪拜往见星使及各同人。饭后陪上街购物,灯下来房久谈。

四月初三日(5 月 6 日) 晴,热。午刻,同福兰格家眷等往游维尔达樱花山,舟车行二小时始到,花开茂盛,游人亦多,大致似上年。购鲜花一柄携归。灯下同梓材久谈。

四月初四日(5 月 7 日) 晴,热甚。午后六钟,备华馔、西酒为梓材洗尘,同席计十六人,杨雨廷、周汉之、薛东芝、姚宝吉甫、乔少泉、张养田、荣宝臣、际叔炳、程济之，余晓笠、马海饶、永茀生、金俊卿、赓世兄。席散后茶烟多时。九钟后散，宪太夫人处一坐。晚，接姜洪川信，内附剪报一纸，载有星使冶游荒公等事，并论及驻英、比、法各使。

四月初五日(5 月 8 日)　晴。午后，出门赴油画院花园一游，灯下看公法书数页。

四月初六日(5 月 9 日)　晴。早，随星使应德国文学家施来尔百年阴寿会，后饭毕，乃返。灯下看公法数页。

四月初七日(5 月 10 日)　晴。午后，公宴于谋退夫房，同坐计十二人。席散同俊卿赴油画馆一游。灯下闲谈良久。

四月初八日(5 月 11 日)　晴。早，自大学返，印字良久。午后，读公法时许，灯下如之。作家函及致云山兄一函，并相片二张，附寄前去。

四月初九日(5 月 12 日)　晴。午后，读法律书时许，同乔少泉一谈。

四月初十日(5 月 13 日)　晴。午后，上街闲步。晚，看马戏，系由义大利来者，较柏林两园犹佳。

四月十一日(5 月 14 日)　晴，星期。晨起，读公法良久，午后到恨材家一坐，赴油画院一游，人多异常。六钟，养田、宝臣备酒菜为梓材洗尘，约余陪客，共十四人，甚形闹热，九钟始散。接朝鲜驻德公使闵星使(哲勋)　函，述昨因使者传误，未能接见，殊深抱歉，容日造轩负荆云云。作灯时许乃睡。

四月十二日(5 月 15 日)　晴。因乔少泉参使留差事，见星使谈甚久。灯下看公法时许。

四月十三日(5 月 16 日)　晴。晨起，经过大树林，性步一游，然后再赴大学。树林游人甚夥，行者、骑者男女皆有，气极清爽。午后，又上街购橱柜两只，顺道至大学听讲“俄在亚洲经营情形”，灯下同乔少泉谈移交文卷事良久。梓材来谈。

四月十四日(5月17日) 晴。午后,听讲毕,赴油画院一游,灯下看书良久,覆施女郎一信。

四月十五日(5月18日) 晴。早八钟赴大学堂,顺道经树林一游。午后,陪张梓材往拜福兰格夫妇,谈刻许,乃顺道观潘配义城被火山掩盖故事。灯下看公法,作洋字函数封。

四月十六日(5月19日) 晴,雨一阵。早游树林毕,乃赴大学,冒雨返署。午后,葛君来授课,灯下看《保和会葳事》末卷,并作洋字函一件。

四月十七日(5月20日) 阴雨终日。早,理洋文案卷良久。午后,洗澡薙头,缮法文信一函。晚,同朝鲜使署随员赵君往观剧,剧名为本家族会 Pvmilimlug,形容世态不古者事,甚属有趣。散后赴两茶馆谈甚久,十二钟后返署。

四月十八日(5月21日) 晴,星期。早,作洋字函,黄碧湾来一谈。午刻,赴油画馆一游。晚,薛东芝、姚正甫邀饮,同座则有张梓材、张养田、荣宝臣,十钟前返,茶多。

四月十九日(5月22日) 晴阴各半,礼拜一。早,赴大学,见门贴,博士因丧事驰回奥京,功课暂停数日,拟礼拜五开课,遂返花园小步。晚,与施朴林茶谈良久,后冒雨闲步,十钟返。看书数页,乃就寝。

四月廿日(5月23日) 晴,冷。可衣重棉。德太子成婚,国家致贺国书昨日已到。午后,听讲毕,顺道购物,树林一游,作灯课良久。

四月廿一日(5月24日) 晴,冷。今日为养田寿日,大家皆送礼并书信片致贺。午后,听讲归,顺道游树林,作灯课良久。

四月廿二日(5月25日) 晴。午后,同施朴林游画院,细阅油画良久,后在园中听乐,即在彼晚餐,餐毕随乐性步时许,乃归。

四月廿三日(5月26日) 晴。早,往听讲。午后,梓材衣箱等物到,代购有纸本、小孩鞋帽等件。鞋帽系送星使之少公子用者。

晚，葛君来久谈讲书时许。灯下看书数页，茶多。

四月廿四日(5月27日)　晴，热。读法文良久。晚，同旁特观花炮时许，返署看书数页乃睡。今日为砂罗氏堡城(柏林西乡)成立二百年之日，举户悬旗致贺，夜燃灯火。

四月廿五日(5月28日)　晴，星期。午后三钟，外格家招饮，同养田前去。同席共十四人，饭后在廊亭久谈，七钟返署。后接东抚杨中丞电："午兄鉴，请饬乔毓渠来东，以资差遣。骧有。"星使当即覆电，准其前往云云。

四月廿六日(5月29日)　晴，热。早晚两次赴校听讲。午后，上街。六钟半适日本亲王夫妇抵柏林，因德皇子完婚，特来致贺也。德皇、皇子等皆赴车站迎迓，车经街市，人多致敬，且欢呼日本高升。今日阅报知俄国水师与日本战于高丽海峡，大败，失船甚多。又一水师提督及兵士三千被擒，以此观之，俄之海军亦难再战矣。

四月廿七日(5月30日)　晴，热。午后，未出门，阅报称俄水师共失船十余只，沉者、被擒者各半。又全军水师提督罗及二分军提督某某均逼投诚。灯下看公法书良久。

四月廿八日(5月31日)　晴，热。今日(西五月卅一日)为德皇阅春操之日，中小学堂皆放假一日。午后，在房看书时许。晚，上街闲步，赴皇宫前文德林大街一游，大道两旁已设有花彩，红花绿叶，如入花径。五大门内，左右皆搭跋台，以备坐观迎亲礼。柏林县城官送余座位票二张，拟于西六月三号偕荣宝臣同往。后至油画院园中一游，电灯万千密如繁星。性步半时乃归。

四月廿九日(6月1日)　晴。西国耶稣上天日(西六月一日)，各学堂亦放假一日。早，赴树林一游，取气清也。午后，看报。六钟，四川杨监督雨亭招饮，同席共十二人，为张梓材洗尘，为乔少泉、际叔炳送行也。灯下看书良久。

四月卅日(6月2日)　晴。午后，葛君来授课。晚九点半，随星使、福兰格、荣宝臣应日本公使夫妇所请茶会。日本亲王因病未到，其王妃出见，与余等握手为礼，人客约数百。十一钟后即渐散尽，惟余等与日本二武随员笔甚久，一钟后始返也。

五月初一日(6月3日)　晴，热。为德国迎娶太子妃进宫之日，学堂放假一日，买卖亦闲门，官房铺户皆高悬旗帜，汽车亦然。午后，偕荣宝臣持官票二纸进五道门内营搭看台就座，对面二台约容千四百人，妇女居多。宫前大街通悬旗帜，树枝花饰。街心宫车往来不绝。约四钟时，有朝车六辆，由宫出城，迎接太子妃也。少顷，皇太子威廉亲自领亲军一哨入城，城内各人皆摇巾去冠欢呼，太子在马上用刀举起致谢。后有柏林城进选得良家幼女百名，白衣白履，手持玫瑰、绿叶辫成之圈及水红之飘带，头顶皆一律置玫瑰花圈，排立台前。左右约千余人，皆礼服高冠站立。又有女学堂女生数百，各亦衣白，持花排立道之两旁。又五道门外尚有各种队伍，及三十六行买卖之人，站班致敬。约五点一刻，闻有乐声，知新妇将临矣。首系乐队乘马，再骑队，再三辆朝车，各驾六马，内坐随驾武文大臣。再后又骑队持旗及枪，则新妇之金车至矣。皇后居左、太子妃居右(上手)，对面坐宫妇。入城之时，左右欢呼不绝，免冠摇巾致敬。后及妃皆俯首答谢多次。妃今年二十，身材适中，容貌亦尚可。车停刻余，柏林城长官在车旁演颂词毕，妃亦答谢数语，城官之女呈妃鲜花球一枚，左右高呼三声，车乃展轮缓行入宫，后随二朝车，亦六马，系乘妃之宫妇。再后随以马队，如是礼毕矣。余与宝臣遂乘车返署，炎热异常。晚，凉台久坐。

五月初二日(6月4日)　晴，热甚。午后，来客数次。晚餐毕，赴花园一游。又至宫前大街一观，官所均修饰鲜明。返署后茶少许乃睡，因热良久不成寐。

五月初三日(6月5日)　晴热如昨。午后四点，外部大臣李和前茶会，同星使、养田、宝臣、梓材前往。男女甚多，皆在花园林径闲步，间设椅位可以休息、便饮。六钟返署，灯下作信数函，看书时许。热，难久坐。

五月初四日(6月6日)　晴。早,发薪水。午后雨一阵。今日系德太子成婚日,午后在皇家礼拜堂行成亲礼,先期亦照例凭官对质,后在宫赴宴,各贺客、亲王及使臣、各大臣均与席。席散,跳舞刻许,乃散。九点后,太子偕妃即起程出外,皇亲送至车站。晚,同张梓材出门闲步,赴油画院园中一游。十二钟返署,阅报知德首相毕罗本日蒙德皇赏赐王爵,年前曾赏过,毕辞谢不敢受。闻法外部大臣得入嘎色已辞职。

五月初五日(6月7日)　晴,晚微雨,稍凉。今日系端阳佳节,午十一钟随参随、监督、学生等为宪太夫人叩节,星使处仅上手本耳。终日未出门,灯下看书良久。

五月初六日(6月8日)　阴雨稍凉。晚,赓韶甫参使公馆一坐,探伊病也。灯下看书良久。

五月初七日(6月9日)　晴,凉。阅报:在挪威、瑞典两国联盟,合君而治已九十余年,今忽以挪威争加领事权,王未见允,遂从此破盟,挪威国内本用合治旗帜,今多改用挪威一国独治之旗矣。今日奉到星使饬知,略谓:"三年期满,附片奏请奖叙,前于本年四月三十日函准外务部资开原片,三月初十日代递,奉朱批著照所请,该衙门知道单并发,钦此。相应恭录谕旨,并抄单粘原片,札饬知悉。札到,该员即便钦遵可也。"此札计抄件,右札:"仰保升知府衔分省补用直隶州知州王承传,准此。光绪三十一年五月初七日。五品顶戴分省补用知县……拟请免补知县,以直隶州知州,仍分省归候补班,遇缺尽先前补用,并赏加知府衔。"

日记　卷拾壹

在柏林记　末在外出游记

光绪乙巳(光绪三十一年)
五月初八日起至八月十五日止

(1905年6月10日—1905年9月13日)

光绪三十一年乙巳五月初八日，西历千九百零五年六月十号(1905年6月10日)　晴，微凉。阅报知美总统已函请日、俄派员会议息兵之事，闻两战国将照办矣。午后，同施朴林观油画良久。后在园内听乐，就彼晚餐，性步回家，看报数段。

五月初九日(6月11日)　晴，凉。西国丰格司敦节，今明两日皆停工作，意同端阳节。午后，看书数段。晚，花园听乐良久。

五月初十日(6月12日)　阴雨，后晴。午后，陪养田赴医生处看病，因伊近日染有毒疮也。晚，同金俊卿赴花园一游。夜大雨，雷电交作，看法律书数页。

五月十一日(6月13日)　晴，凉。午后，葛君来授课，灯下看法律书良久。阅报知俄日均在商择地方，以便暂行议和要款，彼此意见不一，有选在巴黎、华盛顿或盛京、烟台、东京，又和京、美埠纽坡，迄无成议，想一半日内当有实信也。

五月十二日(6月14日)　晴阴各半，凉。午后，同施朴林出门闲步，晚看 Pompeji 城被火山震焰火景，此系耶稣降生后七十九年事，自千七百四十八年起至现千八百六十年已，将全城挖出三分之一，楼房院落依然如故，盖火山中流质下降为时甚促，不容空气内存也。作剧者共约数百人，衣服鲜明，乐音临水另有佳音，火山炸烈后遂以花炮、烟火，极有可观，大家击掌不绝，十钟半即散，余亦与施分手归，同梓材久谈。

五月十三日(6月15日)　晴。午后，葛君来授课。晚，花园闲步，灯下阅报良久。俄日现议订借美京华盛顿城为暂议和约之处。

五月十四日(6月16日)　晴，雨一阵，雷电交作。晚，同同人等五人备华馔，为乔少泉、际叔炳二人饯别，菜饭尚可，八点席散，灯下看德文良久。

五月十五日(6月17日)　晴。午刻一钟，星使借洋馆为乔少泉送行，同座十人，养田因病未到。二钟后散席。接到家中托云山兄转到小箱一只，内计小孩帽两顶、鞋两双，当即送呈宪夫人，稍尽万里鹅毛之意耳。晚，同施朴林游大花园特拉色，雨后人甚稀少。夜间则有影戏，甚可观也。十二钟回署，茶少许乃睡。

五月十六日(6月18日)　阴雨，午后晴。午刻一钟五十分，乔少泉参使启行回华，星使以下均各往送，约二十余人。洋仆孟特送至义海口登舟，因其主仆二人皆不甚谙西语也。马薤发人与洋仆贺夫曼口角，星使因之颇有送马归国之意。奇森格夫人之孙女出阁在迩，余送绣龙一方，因相识奇夫人甚久也。

五月十七日(6月19日)　晴。家中又托张云山兄寄到绣货二色。西节放假后今日大学开课。早，讲使署章程及权限等事。晚，同梓材赴花园观小戏，有日人走索及活动影片甚好。十一钟后归。马薤发夫之事，暂作罢论。

五月十八日(6月20日)　晴。早，讲领事权限。午后，听讲归，顺道至画院一游。灯下作课久之。阅报知日本拟派议和全权，约西八月一号可抵美京，德皇太子夫妇今日由他城移居波茨达木城，德国老皇宫也。下火车后乃登一六马之宫车，迎接者多本城官，皇族之人不与□。

五月十九日(6月21日) 晴,热,寒暑升至十九、廿度。午后四钟,陪星使夫人乘双马官车。(随从车夫等皆官服。自本季起,使署订有包车,日用一次,车夫亦着使署官服。)出门往拜福参赞夫人及博士佛尔克夫人,佛家谈最久,因佛夫人能华语也。两家藏中国书籍、玩物、器俱颇多。前居中国甚久,与佛博士谈粤人顾鸿民良久。佛深佩其精通英法文字,惜立谈过偏,至今未得大用,现仅在鄂辕香帅门下寄迹耳。七钟回署,作灯下课刻余。今日炎热难久坐也。

五月廿日(6月22日) 晴,风微凉。早,听讲万国公会员原启。午后四钟乘双套马车赴教堂观礼,奇夫人之孙女今日出阁也。男女约二百人,礼节与前同。礼毕乃赴新妇娘家贺喜,到者仅半,各色礼物同名片设一厅内,便人阅看。又设茶点、酒果、凉菜于长案上,听客自取。美国风俗无喜宴也。新郎系美驻德副领事,其父乃总领事。五钟车乃返署,宪太夫人处一坐。灯下读公法良久,作家书一函。

五月廿一日(6月23日) 晴阴各半,午后大雨数阵兼雹。早,听讲万国公会。午后,葛君来授课,赠余《青岛图说》一册。晚,花园闲步,天冷人稀,后看书良久。接家书知母亲偕内子已抵津门,在彼赁屋居住,有彦士弟、吴文谟表叔在家照应,从前津地相识亦尚有念旧者。

五月廿二日(6月24日) 阴雨,凉。作致亚女郎洋字函一件。晚,同梓材冒雨游大树林,在狗喉茶肆小饮时许。天雨人稀,乘车进城一游,十二钟返署。茶少许乃睡。

五月廿三日(6月25日) 阴晴各半,微热。早,江南在营李、刘二君来一谈,黄碧湾亦来在此午餐。餐后,同梓材、碧湾往观水兽院,大致如前。惟见有新鸟首之甲鱼两枚,大如面盆。后看画景片,系德国奇耳海口各景。灯下看公法良久,就寝略早。

五月廿四日(6月26日) 晴,热,寒暑升至二十度。早,听讲归,接读外务部咨文一道,兹照录如下:"外务部为咨行事,四月初四日准吏部文称:外务部咨军机处钞,交驻德荫大臣奏奖期满随员一片，光绪三十年三月初十日奉朱批，著照所请，该衙门知道单并发，钦此。并钞送原奏到部，除荣清一员应由内务府武职人员，应由兵部办理外，查单开随员五品顶戴，分省补用知县王承传拟请免补知县，以直隶州知州分省归候补班，遇缺尽先补用，并赏加知府衔，应即钦遵注册等因，前来相应咨行，贵大臣查照可也，须至咨者。右咨，钦差驻德大臣荫，四月初七日。”是年五月廿四日到馆。午后，接外务部电。电谓“俄、日议和有日，中国当如何因应，及将来收回东三省，善后情形望各大臣悉心筹划，各抒所见，密行电奏，以备采择”云云。灯下读公法良久。

五月廿五日(6月27日)　晴。午后，顺道购物，灯下读《万国公法》数页。

五月廿六日(6月28日)　晴。早起，读《万国公法》时许。午后，缮致津门旧相识候函五件。灯下作家书，看书时许。终日未出门。

五月廿七日(6月29日)　晴，热。早，听讲违犯公法条款，如庚子德使被害之类是也。午后，葛君来授课。晚，同梓材约朝鲜使署随员赵君看花炮，树下小饮，笔谈久之。

五月廿八日(6月30日)　晴，热。房内寒暑表计至廿度(罗氏二十五度)有零，只可衣单衫。早，听讲《孔哥条约》。归途热甚，内衣尽湿。昨因部覆到馆，今日星使又交下行知一道，知照吏部已录，送往注册情形。阅报载俄黑海欧德萨海口及俄东海黎堡海口均有兵舰作乱犯上，舰官被戕，民房被焚，商民惊慌异常，援兵尚未至，成乱党矣。近来地球东西，安靖土甚寥寥。俄日之役，关涉中国、朝鲜；又摩罗克之事，德、法、英、日(司巴尼亚也)皆与□；瑞典、那威解盟之争，尚难安然了结，马加国已欲尤而效之。由是以观，环球从兹无相安之日矣，可奈何！总之，首恨中、朝不能自强自立耳！午后，未出门，炎热过甚，灯下看报而已，宪太夫人来久坐，谈家务数段。

五月廿九日(7月1日)　晴，热，表指约二十二度。午后四钟半，偕财政律例会各会员乘火车，万泽湖乘小轮浮游各小岛，气热甚，幸借水气得以消减。男女共八十余人。登岸，茶点毕，复登舟。夕阳西下，热气渐退，两岸绿阴，风帆、汽船所遇皆是。九钟后回万泽地方厅房晚宴。席间，某君演巴毕伦城妇女昔时及近来之权限，后各会员亦有起而演数语者。在座某日本人亦用英语道数语，余因重于会首之请，亦以德语演数十语。大概不过颂扬西方女权耳。在座击掌数次，盖出于东亚人之口乃西人所罕闻者也。席间同某二女郎连坐，谈甚欢。亥正，乘火车返柏林，约历半点钟有余。余与会首夫妇握别，各亦分道归。

五月三十日(7月2日) 晴。午后及夜间微雨，大热。终日未出户，看书及报久之。

六月初一日(7月3日) 晴，微风，热因稍减。早，赴大学校，往返仍觉甚热也。午后，看报消遣。灯下读公法良久。阅报知前者政府与驻京各使辩论，庚子还款金代银一说，顷已就绪。昨已由庆邸与各驻使画押矣。又载俄日议和大员各已派定二员，俄派 Baron Rosen 及 Graf Murawiew，日派 Baron Komura(小村外相)及公使 Takahira(高平公使)，由此不再更动矣。

六月初二日(7月4日) 晴，气候如昨。午后，读公法良久，灯下接读，看报刻许。周玉帅自署两江以来，报纸及言官多有不满意处，闻玉帅有因此欲作退意。俄叛船名波统金者，至今仍未归顺，任意游弋黑海之上。近日俄舰效法者亦有数艘，然未几皆降服耳。

六月初三日(7月5日) 晴，气候如昨，晚大雨。国家送德太子完婚礼计珐琅瓶一对、白玉如意一架，昨已寄到，星使尚未呈递耳。午后，看公法良久。晚，同梓材赴万牲园看灯彩，游人极多。未几，雷电交作，大雨倾盆，二人一伞，衣履尽湿。

六月初四日(7月6日) 阴雨。早，发放薪水、学费。赴大学时往返冒雨，俄署转咨奏案云：红十字船免税条约，已由保和会于三十年十一月十五日在和京海牙都城画押遵行，计签押者廿国，未画押者尚有英、瑞典、瑞士，士义（危地马拉国）等国，因各有隐情也。午后，李敬如来。晚，陪出一游，先摇船时许，后至花园一观，十钟后余先返署。

六月初五日（7 月 7 日）　晴，凉，寒暑表降至十六度有零。晚，李敬如来久谈。作灯课良久。本日接得外务部发电，有声明要件，其文如下："顷奉本国外务部电闻，前以日、俄两国不幸失和，本政府时深惋惜，现闻将开和议，复修旧好，本政府不胜忻幸。但以此次失和，系在中国疆土用武，现在议和条款内倘有牵涉中国事件，凡此次未经与中国商定者，一概不能承认，除电驻日、驻俄两使臣，向日、俄两国政府声明外，并请贵政府查照等因，希即照会外部，并转和外部。"

六月初六日（7 月 8 日）　晴，凉。早，缮致外部德文译稿。午后，译致外务部枢府敬电覆电。晚，赴高丽使署一坐，同赵、韩二君摇舟刻余，同某二女郎就岸久谈，后至万兽园，又至城内茶楼久坐，归途遇报馆主笔某，谈东方事甚久。返署已二钟，东方觉微明矣，遂即就寝。五月廿四日接北京枢府敬密电及星使覆该密电两稿，照录如下："奉旨，日、俄两国已有和意，闻有在华盛顿直接开议之说，中国现在应如何因应，及将来接收东三省应如何善后办法，着该大臣等悉心筹画，各抒己见，密行电奏，以备采择。钦此。枢敬。""（本月初六日覆）。堂宪鉴，奉枢敬电，就管见所及，似应令驻日、驻俄使臣向日、俄政府声明，议和时请该政府勿忘因战毁伤邻国地土人民，如何赔偿抚恤一节。息战后，设法移民入奉省，以杜他国移民往彼。一面选公廉干练之汉大臣一员拨入旗籍，为东三省总督。吉、江二省各派巡抚一，汉员亦归入旗籍，此三省至少需有十五万新兵，修筑铁路、军路、扩充电线邮局，设关卡立人据，以杜奸细；开商埠，以杜一邻国强占利权，取矿产以求富余，随机应变办理，谨复乞请裁夺代奏。昌。初六日。"

六月初七（7 月 9 日）　晴，星期，微热。晚，俊卿来同餐。餐毕，往新湖荡船时许，后至油画院园中一游，不期与崔黎思相遇，其姊亦在旁，未经晤面者将近十月矣，后与茶谈良久，十二钟后回署。

六月初八日(7月10日) 晴，热。午后，写洋字函数封，黎思赠寄伊相片一张，较上年容颜稍长矣。晚，宪老太太来谈家务久之，看报刻许。

六月初九(7月11日) 晴，晚微雨。报载：日俄议和之所，现改在美海岛坡疵茂夫地方，不在美都华盛顿矣。午后，上街购物，顺道至油画馆一游，作灯课良久。阅报载：中美洲土腰巴那马近将开工，已雇定义、中、日三国工人两千，合同订为五百日限期。盖现在巴既附美，故全局皆由美治理也。

六月初十日(7月12日) 晴。早，作洋字函一件。午后，上街。晚，李敬如来久谈，看报数段，乃睡。

六月十一日(7月13日) 晴阴各半。早，听讲保和会条款。晚，同张梓兄及朝鲜署随员二君赴乡间野游，花园名新世界，园内设椅坐约六千余，外有戏台，内有舞场。本应设花炮、烟火，因今日雨后人稀，故停止未放。往返约需两小时，十二钟回署。

六月十二日(7月14日) 晴，暗。仍听讲保和会条款。午后，宪太夫人来久谈，写账、看书各数页。晚，马钟霖备酒菜为际叔炳送行，邀余等坐陪，菜饼尚适口。灯下看报：俄议员现又添派前户部大臣维特君为总裁。

六月十三日(7月15日) 晴。接金陵文件知同学李子贞兄，于七月底将派来德照料工匠，学习枪炮、军火等事。晚，同赵君弄小舟为戏，后至花园一游，又入城内吃菜良久。

六月十四日(7月16日) 晴，微雨，星期。早，俄署参赞施绍常君(号博愉)来久谈，差满回国，顺道来游。年约三十余，洋装无辫发，人颇精明。午后三钟一刻，际叔炳回华遂赴车站相送，到者约十人，除伊家人李泰随行外，并星使派洋仆孟特送至义海口。后搭拜施君未遇，留刺乃返。顺道至油画院一游。晚，同梓材赴野兽园吃茶、听乐，亥初返署。

六月十五日(7月17日)　晴。午刻,施博愉来一谈,在此午膳。今日接家信一封。作灯课良久。

六月十六日(7月18日)　晴,晚雨,终夜未息。报馆人来云:中国将派亲王贝子游学东西各邦,随行者尚有徐大臣世昌、端抚方。又接鄂督文件云:将派知府金鼎前赴日本、英、德、法、比,查考学生功课。午后,陪施博愉往观王家旧、新二博物院,内多石像及地中挖出古物。后至油画院一游。回署晚餐毕,复冒雨出门赴酒馆、舞堂各一坐,一钟后回署,宝臣亦在陪。

六月十七日(7月19日)　阴雨,凉。未出门。午后,及灯下看公法书数段,作洋字函一件。

六月十八日(7月20日)　阴雨,凉甚。午后,作家书约数万言,详述留洋缘由,因家书催迫东渡甚急也。灯下看书刻许,梓材来久谈。洋报载:日廷因俄派之议员 Murawiew 前充海牙公断会总裁时,末次演说中,有论及欧亚战事,颇非日本之所为,故此次恐难合手办事。俄皇有闻,特改放 Witte 君,昨已起身,经巴黎赴美,其夫人亦偕行。日议员 Komura(小村)君亦抵美境。大约开议不远矣。

六月十九日(7月21日)　晴,凉风。赴谋挪坡客店,知巴黎孙慕韩星使宝琦已到,一人轻车简从,系改西国服色。见面后谈刻许,余遂赴大学。午后,孙星使来答拜,坐谈甚久。去后看公法数页。晚,花园闲步,晤外格尔夫妇片刻。灯下看报,又谓俄、日将来有联盟之意,盖欲以此合力以拒德、英、美三国也。

六月二十日(7月22日)　晴,午后雨。晚,同崔黎思赴万牲园一游,谈笑至一钟始送伊归,余亦返。

六月廿一日(7月23日)　晴,星期。孙星使邀余往观克虏伯炼钢厂,拟明日起程。午后,往客栈晤孙星使良久,后同车游兽园一周乃返。晚,收拾零物,俾明晨乘火车赴唉森地方看厂。作致崔黎思一信。今日孙星使赠余茶叶二瓶,《巴黎胜景图》一册。

六月廿二日(7月24日)　晴阴各半。早六点起,冒雨至城内陪孙星使及施博愉，登火车前赴爱森城，往返头等车位，每份六十一马二十分，外各加坐位票二马。八点五十五分开车，十一钟半在车内用午膳，十二钟三十七分抵汉那威城。车间遇一女郎立谈刻许，许以三日后俟余返都城，当来函通候，至下站女郎即下车，彼此摇巾而别。又停数次，约四钟三十余分抵爱森城。人烟甚多，非工即匠，遂寓厂中所设之 Emenerhof 客栈。房屋鲜明，大厅花园华丽，胜柏林客栈。点心毕，乃赴克鹿伯厂。投星使引托信函，晤董事某君良久(总办唉格夕尼司君)，甚殷勤，约明晨九钟备车辆来迎云云。顺道至铺店一游，购小件物及信片。灯下发信片二十余份。晚，复同施博翁上街闲步，至某小戏园门首一观，乃回寓就寝。

六月廿三日(7 月 25 日) 晴。早，总办唉君来答拜，谈片刻乃去。少顷，有千总巴拉君携车来迎，遂同孙星使及施博翁前往。所阅系铸炮筒厂、校炮筒厂、炮筒内作来夫线厂、炼钢厂，查炼厂之炉，系分三种，礶钢、马挺钢、佰司马钢。又往炮弹博物院一看。回寓小息一钟，总办设宴相款，席散复往观数厂及德皇金表，置锤下不碎故事之机器，乃乘车游厂中住房、园林，该厂女东已出门歇夏，仅过门投刺而已。在小坡亭内小饮。写信片数纸，七钟前回栈。晚，洗澡毕，十二钟就寝。

六月廿四日(7 月 26 日) 晴。早七钟起，收拾行囊，客栈系厂中所开，不收余等房饭费，故仅赏仆人、夫役、门丁四十余马克。八点三刻展轮，车间畅谈，不觉午后四点欠四分已抵柏林矣。余五点回署，与大家相见毕，缮法文护照一纸，孙慕韩星使欲携赴俄京也。

六月廿五日(7 月 27 日) 晴。午后，孙星使赴游学生公所演说归，余邀赴坡茨达木城一游。晚，星使亦来陪。晚餐毕，赴舞场久坐，因夜深，余陪孙星使等住客栈。

六月廿六日(7 月 28 日) (万寿日)晴阴各半。早六钟起，为孙星使作函数件，发寄物件。施博彝(愉)九钟起程赴比境黎邑会场。孙星使九钟半起身，赴俄京，馆员多往送。午前回署拜牌，今日万寿也。看书数段，夜睡较早。

六月廿七日(7月29日)　晴，凉。午后，看书良久，作洋字函数封。接家书，知家慈催余回华甚急，无如，碍难罢脱，终夜思之，无策为计，奈之何？总之忠孝不能两全，只有祝堂上多寿，以备将来补尽孝道耳。晚，同梓材花园小步，遇余晓笠及施泰音女郎，谈甚久。

六月廿八日(7月30日)　晴阴各半。午刻，同养田、梓材邀余晓笠游坡茨达木城，在无忧宫内一观，游花园数周，乘小轮赴万泽湖晚宴。十二钟后，抵柏林。

六月廿九日(7月31日)　晴。早，听讲公法之战例。午后，听英国海权，系本课之末次矣。晚，上街闲步，花园一游。看《克虏伯炼钢厂图说》数页。

七月初一日(8月1日)　晴。早，公法学收课。午后，俄人经营课亦收课。今接孙慕使由俄京来片，谓已安抵该城，过界时，界官优礼相待，出人意表云云。灯下看书良久。

七月初二日(8月2日)　晴，雨数次。大学校功课，今日多半停止。下届是否接读，现难预料，以顷察阅课本所定时刻，多不合宜也。午后，购出门携带之皮包、皮盒两件。晚，巡捕武弁李兴魁来久谈，就寝略早。

七月初三日(8月3日)　晴。早起，作家书一函。午后，同荣宝臣赴照相馆拍照，计拍二式。一新式窄三寸谓王妃，窄四寸谓之王子，便衣免冠，手持纨扇，共照五次，想必有一二可观者。宪太夫人送西瓜来，瓜小味淡，无甚异东土者。晚，同黎思一聚，亥末伴伊归，余乃返署。

七月初四日(8月4日)　晴，热甚。早，发薪水、学费。午后，赴老皇宫一看，名曰北入喻，所阅为客厅、饭[厅]、书房、琴房、卧室、澡房，前次德太子妃进城之先，即在此宫小憩，皇后前亦如此。各付进门费廿五分，外伞棍小费随意。后购物进城，至书铺一坐，为大学堂购各种科学书籍也。晚，赴油画馆花园一游，人多气热，茶多。一钟始就寝。俄日议员已抵美，现答拜美总统矣。

七月初五日(8月5日)　晴，热甚，晚雨。阅报载：库页岛俄国兵士尽降日，全岛归日人治理。午后，看万国条约书良久。晚，同梓材晤克尔特女郎，畅谈、小步时许。

七月初六日(8月6日)　晴。午刻，英人勒卜曼夫妇偕子女来拜，谈次以其小女画册见示，并请书数语志念，因随笔写入，以赞赏之。后同赴茶馆一坐，又赴万牲园一游。同乡余筱笠(荫昌)来辞行，明日晚间启程，绕道比、奥返国，因同养田赴伊送行，盖明晚不克赴车站相送也。晚八钟，英人勒君处招饮，同座十人，亥末归寓。为梓材作信一封，乃睡。

七月初七日(8月7日)　晴，晚微雨。早，接北洋袁宫保来文，称：此次德国秋操，拟派武员四人来德观览，前同学卫燕平亦得选入，职系游击。午后，余晓笠来一谈，遂道别。晚，同养田约英人勒君夫妇晚餐，借座大高楼，谋大夫亦在座。谈次甚欢恰，十二钟各分道归。勒君约余将来赴英时定须拜访伊家。各握手相别，其一子一女令人可爱，并道后会有期。

七月初八日(8月8日)　晴。终日未出门。照像送照相，余相大小计四种式样，皆尚可，拟各印数搭，备赠友朋。晚，宪太夫人处久坐。阅报载：日俄议员均抵会议处，拟明日开议。养田近日购得新照相器俱一份。午后，为余及梓材、宝臣三人拍照一次，眉目尚觉清爽耳。

七月初九日(8月9日)　晴，热。早，理洋文案卷久之。李泽民(复儿)自独城机器厂来谈刻许。晚，同黎思荡船一小时，后遇伊二姊妹闲游一周，同用晚餐，共五人，谈次甚欢，携手性步，伴伊等回家。余乃返署，茶少许，遂睡。

七月初十日(8月10日)　晴，晚雨。午后，赴照相馆一坐，复至韩使署闵星使哲勋处，口谈、笔谈良久，论东方事数则。赵随员后亦来谈。晚，同大韩使署参随禹、韩、赵三君往乡间观花炮。书明信片数张，以一致孙慕韩星使。十二钟返署。

七月十一日(8月11日)　晴，晚凉。日俄议员今日开议，所议各节，外间尚未得知。午后，为赓参赞夫人缮护照，因不日将携伊子赴英也。晚，同梓材等四人出门小步，茶坐良久，遇谋大夫谈刻许。今日发家书，附回小照一纸。又赠孙慕韩星使小照一张。

七月十二日(8月12日)　晴，晚微雨。午后，金俊卿来一谈，由外间歇夏归也。晚，花园一游，遇石女郎等久谈。余晓笠书明信片事，灯下看书数页。

七月十三日(8月13日)　晴，星期。早，倪石灵来久谈，在余处用膳。黄碧湾亦来。午后，陪往油画院一观。七钟时，各分道归。晚，宪太夫人处一坐，食西瓜三片，味似华产。

七月十四日(8月14日)　晴。早粤人严炳勋(锦荣)来索护照，由美来此续学政制也。午后，上街购物，兼询火车来回周票各事。闻刘泗春兄由晋抚派赴德国游历，不日即当启程云云。奥署翻译随员薛静山今日偕妇(德女)起行内渡，应京师大学堂之聘也。晚，花园闲步，灯下看舆图良久，赠韩国驻此闵星使及其随员赵君相片各一张。

七月十五日(8月15日)　晴。午后，梓材因余不日出游，特赠巾带、胰皂、烟嘴数物，又荣宝臣亦赠给梳妆匣一件，二公可谓多情人也。看书良久。晚，星使夫人来一谈。

七月十六日(8月16日)　晴，凉。早，接施伯彝自巴黎寄来相片一张，当时余亦以小照报之。午后，看《万国公法》数页。晚，同梓材等赴某舞场一观，一钟后返。

七月十七日(8月17日)　晴。早，接俄署来电，参赞吴剑秋(锜)午后六点抵柏林，求派员招呼，星使遂派余往迎。六钟未到，七点四十分始到。吴年约四十余岁，系江西生，稍通俄、法语，下车后乃送至代赁妥之房屋内晚餐住宿。灯下看书良久。今早洋报载：皇后赴行宫途次遇刺客，幸未受伤，刺客拌作兵丁模样，当时即被护兵刺毙云云。

七月十八日(8月18日) 晴,凉。早,吴剑秋来拜,同人拟分次陪伴,导观各处。午后,写账。灯下看报知日俄和议十二条内有四条俄难允准,大约即割库页岛兵费,限制俄东亚海权,东方海口内所停俄舰归日等四件也。今日有《柏林画报》,皮面印有皇太后相,系由一照相脱印,眉目虽不甚清爽,然衣履颇可分辨。闻此相系一西人由华携归。

七月十九日(8月19日) 阴雨,晚晴。陪前俄署参赞吴君剑秋游蜡人院、油画馆,听乐观灯。夜宴毕,赴阿尼塔女郎家一坐。女赠余小照一纸。亥末后归。

七月二十日(8月20日) 晴,星期,晚微雨。本晚,星使邀吴剑秋洋餐,馆员四人坐陪。餐毕,同赴车站为吴君送行,十钟开车,明早十一钟一刻抵黎业斯会场。星使后同大家赴酒馆小酌,归后译外务部电一道。

七月廿一日(8月21日) 晴。早,接奥京使署电知北洋派来观德国大秋操之员明日午刻抵德,拟往车站一迎,因有旧日砚友卫燕平同乡也。接姚济谟田丈函,附寄劝免缠足四字歌三张。午后,看条约书良久,灯下荣宝臣来一坐。

七月廿二日(8月22日) 晴。早,同养田赴车站迎接张副戎松山(永成)、卫燕平游戎(兴武)、褚瑞符都戎(其祥),水师都司郑聪传(祖彝),外携薙发夫一名,导入客栈。午后,陪赴各处拜客人,为之觅寓所,因欲自起火华餐也。作灯课良久,今日巴黎孙星使赠余相片一张。

七月廿三日(8月23日) 晴,微雨。早,银行送来国债票,盖用关防,计五千张,每张英金佰磅。午后,卫燕平兄等来一谈。晚,同梓材赴野兽园一游。

七月廿四日(8月24日) 晴。早,偕星使夫人赴女牙医处治牙。午后,看书良久。晚,赴燕平兄等寓所一坐,自起伙华餐,甚属有趣。作灯课时许,乃睡。

七月廿五日(8月25日)　晴,凉。早,在牙医处一坐。午后,上街购零物,顺道至张松山等处一谈。晚,同伊等出门一游,观灯火良[久]。后同燕平偕二女郎夜游柏林,遂宿客寓,未归。

七月廿六日(8月26日)　阴雨,凉。早,同星使夫人赴牙医处。燕平来一谈。午后,看书良久。晚,邀燕平、松山、瑞符、聪传等观剧,散后晚餐毕,顺街闲步,后乘电汽奥托车而返,时约二钟,已晴爽矣。

七月廿七日(8月27日)　晴。星使今晚因厨役患病,遂与梓材赴城晚餐,后赴油画馆园中一游,小步至某酒馆一坐,十二钟返署。

七月廿八日(8月28日)　阴雨,凉。终日未出门。午后,看书良久,晚燕平来一谈。今日厨夫病仍未愈,终日食面包火腿。作洋字函一封,荣宝臣房一坐。

七月二十九日(8月29日)　晴。早,福兰格君回,来署办公,余遂向星使前请假三四礼拜,赴南德国及奥大利、匈加利两京城一游,奥南山景亦拟一瞻山色。午后,收拾行囊,燕平处一坐,俊卿来送行。晚,养田邀赴洋馆晚膳,为余践行,同座有宝臣、梓材二兄,十一钟回署。阅报知日俄和议已成,动手商订和约条款矣,系今晚特别报告。

八月初一日(8月30日)　阴雨。早起,点心毕,赴车站,计带皮包两只。八点二十八分开车,十一钟抵来卜磁西城,寓皇帝院客栈。适值来城秋季,市场人多异常,房价皆增。午后,上街看会场兼万牲园,及大市场一观。院中石山甚好,余似柏林兽园。中、晚两餐均在外面就食。八点后回店,书信片数十张。今有日蚀,因云厚看不甚清,全蚀时约居三分之二。

八月初二日(8月31日)　阴云,凉。寒暑表降至十四度半。晨起,在栈点心毕,往观大学校,厅事及会议堂极华丽。柱多大理石建,房顶油画亦工,德国推此大学为最。堂系千八百九十七年建,又观油画院、博物院,较柏林者犹多、犹博。后观德法战图,远眺如身临战场,决不疑为油画也。晚餐毕,回栈书信片十余份,就寝略早,因明晨复起程前行也。睡后良久不成寐。

八月初三日(9 月 1 日)　晴。早八点三刻开车,午后四点一刻到女恩北西城,寓大客栈即在车站旁。饭后上街一游。城靠山建,故街道有高低不一形式。书信片数件,看书数页。寒暑表约十三度零。

八月初四日(9 月 2 日)　晴,午后微雨。十钟后出门,往观巴宴古博物院,房屋甚老,颇带古意。天学、地学、农学、画学、服饰款、用器类及神像,令人看不胜看。又至商务大博物院,内多瓷器、玻璃,刻木器最多,中国、日本瓷器图册亦有。复至运动博物院,系分火车、船只、电报得律会、邮政等事,于火车一门最精细,无一不备,如入车场也。顺道观回教礼拜寺一所,乃回栈房。晚餐毕,往新开戏园观剧,与座旁女郎接谈甚欢,彼此道名姓住地,约通候始终,尚不寂寞。园中房间精致,多时式,不亚柏林大戏馆。所演系 Wilhelm Tell。十一钟散后返寓,茶少许,书信片数张,约二钟始睡。

八月初五日(9 月 3 日)　阴雨,凉,星期。十三度。早点时阅洋报得悉:馆中参赞赓韶甫观察,初二日仙逝,年五十一岁。在馆约廿八载,未回华一次。后以腿为街道汽车压去,原气大伤。两载以来患肺症,医药少效,竟致不起,闻之心酸。身后遗一妻一妾、一子一女,遂致一函与养田托代办祭礼等事。午后,出门看本城大花园。玫瑰花为最多,树木亦茂盛。又看古房数所,古监牢、古博物院,又钟表院。由千五百年起以至今日,表有厚至二三寸,有薄至一二分者,奇形异状不一而足。有德人马弗耳君,设有机器小人三座,上机后,能自书画。余亲眼看像一人面,一狗身,写字两行,机器巧夺天工,令人钦羡不置。今日星期,因蒙雨,游人不甚多。回栈后书信片、看报良久,就寝略早。

八月初六日(9 月 4 日)　晴。早八钟半起行,十一钟半抵巴宴联邦都会民信城,住 Rheinischer Hof 客栈。午后,往观王家戏园台后各机件,顺道一游街市。晚,在王家戏园观剧,街道甚端正齐宽,大有都会气象也。公使、领事皆住此城。

八月初七日(9 月 5 日)　晴,暖。早点毕,往观五宫,宫内多古物,房间甚精微,后赴王家花园一游,小饮,阅报后往观宫车院、上驷院、武猎院、大教堂(入门以指染盆水为礼)、大学校,又至英国大花园,内有中国小亭一架,上作乐,下可坐客小饮。园中山水甚佳,七钟返栈。灯下书信片数十张,一钟后始就寝。

八月初八日(9月6日)　晴,暖。十五度。早,观油画院、万国博物院。内多前五六百年之物,大小房间约百三十余,内有古迹形象院一所,系考古时罗马世界之事,如西西利那波里等处是也。后至王家皮酒店小饮,自取饮食,坐立听便。复往看王家酿皮酒公司,有董事狄特兰陪引,大致与前在柏林所看书尔窖司相仿。七钟回栈洗澡,饮汽水一杯,心中发热也。后饮汤一碗,临窗一眺。

八月初九日(9月7日)　晴,暖。十五六度。早八点半开车,十一点半抵音司部柯城,中途抵德奥交界处停车,奥税官差来查货,询问行李中带有禁货否,余答曰无,乃去。昔日奥防德攻,此地设有炮台、安重兵,两面皆山,甚易防守。自德、奥盟成至今,徒有炮台之名耳。今日车行半日,两旁皆高山,车左系音司河,一路山景颇好,兼有五六百年前之旧宫房屋,车中遇奥国博士欧波入材君,谈次劝余此番既在此有二三日耽搁,似宜赴中山义格入司地方一游,一览山景兼吸清气,余遂从之。下火车后并代余觅马车,殷勤言别,种种照应,感不能忘。马车盘旋而上,约历二小时乃至中山义格拉客栈住处。此间系专为西人歇夏、养病之所,除大小客栈数十家外,居民廖落如晨星,一望皆高山深谷,松林湖水耳。午膳毕,佩远镜登山一游,气寔清爽。余住房前面有台,行坐皆便。一山深谷尽在目前,殊佳地势也。晚间甚凉,半月临窗,偶闻音乐远来,颇有令人思故乡之意。灯下写信片,致中外友朋计二十余幅。

八月初十日(9月8日)　晴,十五度。早六钟起,点心毕,出门闲步至蓝泽湖,见有西人男女在彼洗澡,余驾小艇浮游水面良久。午后,写信看书。晚餐前登山一游,饭后看报知日俄和约已成,各议员将欲起身回国矣。又载:上海、西贡等处,近患水灾,所伤甚巨,就寝略早。

八月十一日(9月9日) 晴，暖。早，看报数段，后登山一游，临道旁所设小桌书信片数张，分致各友。午后，往登蓝泽山顶，计九百三十一密达高，音司部柯城即在山下。左右皆高山围绕，极得形势，顶有本地人一名，专司为游客讲解各景，顶有石盘，上载四至各处方向地名，兼附高低密达。五钟后，顺蓝泽湖性步归寓。饮汽水一斗。看报良久。晚餐后，写信片刻许乃睡。

八月十二日(9月10日) 晴，表十六度余。早九钟半，携行李乘绕山小火车进城，寓金日客栈，遂往观博物院、大学校、官花园、大战油画图，绕城小步。因星期，店铺多关门。街道平常，多乡间气象。古教堂甚大，此地民人信教甚深，就寝略早。临睡之前遇荷兰水师武员谈刻许，甚相得，因伊曾到过东方也。

八月十三日(9月11日) 晴，热。十七度余。早五钟余起，收拾行李，七钟一刻开车。先雾，后晴。两旁皆高山大岭，沿小河行车计穿出小山洞四座，山脚村庄不少。十二钟半抵雅尔次部尔克城，即寓内尔别克客栈，系一 Villa，栈主特邀住此，给头等房间，远眺最宜。遂入城至信局取信，计取到梓材、孟特各一信，又数片。沿街购信片、图本甚夥，以备回德送人用也。乘齿轮汽车登山，观古炮台及监狱，皆四五百[年]前建者，至楼顶远眺，全城在目，如同一幅画景，真令人久观不忍舍去。后又乘电汽升梯上一山小饮，所见与前同。在此用晚餐兼以观月，月居两小山峰间，城内灯火如繁星，较香港夜景犹胜一筹。气候温暖适宜，月下犹好。八钟归寓，登楼看月听乐，寔海外之乐，万不可移至中华也。

八月十四日(9月12日) 晴，阴雨，暖。寒暑表升至十八度。早六钟起，写信片数张。点心毕，在客栈后花园一游，遂进城看歇夏房。教堂内行成婚礼、官花园(甚雅)、博物院详动植物，如人身骨体，鸟兽之类。老宫前系主教所居之宫。又打钟楼，有大小钟三十七个，声音配合能作曲二十四种，月更一次。午膳毕，乘街道火车，后又改乘齿轮火车，绕山而上，行约一钟余，乃抵盖司山顶。车轨如常轨，惟两轨之间设梯子形轨一道，以便与车下齿配合，上山机在后退送，下山时如常车，登上远眺全城在目，四外湖山河道如点景，然小雨一阵，下山后大雨。八钟始抵栈，灯下书信片数十纸，十一钟就寝。

八月十五日(9月13日)　晴暗，微雨，十六度左右。早九点半，登窄轨火车临湖绕山行三点余钟，乃抵义施尔城。一路湖山盛景，笔难书述。计穿大小山洞四座由数十密达至六七百密达，经过二大湖，一名月湖，一名狠路湖，皆长十余启罗密达。宽二启罗，深亦数十密至百余密达，风帆汽艇不时出没湖面，两湖面皆较洋面高四五百密达。下车即寓近山维多利亚客栈。饭后赴信局，接到各处来片数纸，往各树林花园一游，饮山泉一杯，味发咸，略似硫打水。晚，观剧，甚有趣，令人发笑不绝。七钟开九钟散，遂即归寓，茶少许，看书后，临窗赏月。按：义城系由二医生创兴，一名 Dr. F. Wirer Von Rattenbach，一名 Dr. Josef Götz，自千八百廿二年起，经营至今，乃有如此大观。奥皇及其皇族，夏季多来避暑，兼以饮泉。

日记　卷拾贰

在柏林记　首在外出游记

光绪乙巳(光绪三十一年)
八月十六日起至腊月十四日止

(1905年9月14日—1906年1月8日)

光绪三十一年八月十六日,西历千九百零五年九月十四号(1905年9月14日)　晴,寒暑表十六度。早登小山,往观奥皇避暑宫及花园,宫内墙壁多悬羊首、鹿角及各种飞禽走兽。闻奥皇每夏必来此小住,皇族亦有住此避夏者。午后,登横得克卜尔山一游,计高五百九十余密达,后往花园听乐。晚膳毕,往观剧,剧名《三双鞋》,颇令人笑,小戏耳。九钟散归。

八月十七日(9月15日)　阴雨。午刻一钟起行,晚七钟十分抵奥都,遂寓维多利亚客栈。晚膳罢,往访江仲良兄,谈甚久,余晓笠亦在座。后赴街市一游,诣某妓院小坐。雏鸡六七人,多仅服单衫,胸腿露于外,着长袜耳。茶谈刻许乃归。

八月十八日(9月16日)　晴,晚微雨。早,江中良、余晓笠、李叔腾来拜,茶谈良久,并携到各处致余信件数十封。午后往谒杨筱川星使及馆员,后同江仲良兄往游旧皇宫 Schönbrunn,又至 Tivoli 饮茶,顺道购玩物二色,赠杨星使少君。晚七钟,杨星使招饮于某大花园 Venidig,同座共十一人,除奥馆参随、学生外,尚有程芝廷参赞之夫人及赓小姐,皆西装。程夫人人颇大方,善言谈,稍晓德语。散后同仲良荡舟刻许，遂返客寓，写信片等至二钟始睡。

八月十九日(9月17日)　晴，暗。早起，赴使署薙发。后仲良来栈一谈，赠伊绣巾、香水、烟盒、景图四件，杨星使处亦赠给图册二副，烟嘴、笔管各一。午后，仲良、叔腾、晓笠邀往雅城拉森堡，火车约半小时，某旧皇宫一游。内中陈设多古物，宫周围有大水，可行小舟，余等此湖荡舟良久。岸上树木阴浓，湖面天鹅成队，非柏林所可能有者。回城晚餐毕，乃归寓，写片数纸乃睡。

八月二十日(9月18日)　晴，暖。十六度以上。早九点登车赴匈牙利国(奥联邦也)，都城蒲达北司特，车行经多恼河岸时，山景甚好，计行四点余钟，经山洞二座，下车后寓 Hotel Metropole 客栈。房屋尚可，饭厅亦精洁。晚餐有音乐，名曰《翠怪那》，乃匈牙利国最出名者也。午后，上街小步，购信片、地图。晚，同巴乐君出游，街道宽大，灯火辉煌，城亦大都会。多恼河岸灯景亦佳。拜客两家，十钟前回寓，写信片数纸。

八月二十一日(9月19日)　晴。午后，往观王宫，宫建小山之巅，形势最好，登高远眺，则见多恼河界分新旧城为二，河上横桥六道，工程颇大，后登古炮台一观城景，全城在目。晚，巴君来约，至发拉格君家一坐。其夫人及岳丈皆出，见发君去岁新婚，年仅廿五，其妻颇风雅，通德、英、法三国语言，亦善酬应，留在其家晚宴。席间畅谈甚欢，匈人好客异常，令人思念不置。十二钟后辞谢出，乃诣某茶馆小饮，识一女郎名哦而非克，年十八，通德语，颇有姿色，夜谈甚欢，通宵未能闭目，女郎人颇温柔，诚是，故余甚亲爱。次晨握别，彼此皆有难舍之意，惜余系游人至此，无多担搁，不能再会，只得约以小照，彼此留念耳。

八月二十二日(9月20日)　晴。早九钟后，回栈小卧时许，写信片数纸，赠巴君绣巾一方、小照一纸，赠发拉格家余小照一纸。午后，赴大教堂一观，已动工五十余年，内中工成尚未完竣，柱桷多大理石建。又观议院，房屋亦新造，落成始五年，屋宇甚辉煌。晚，巴君来栈陪余晚餐，餐毕赴茶楼、妓院一看，乃回栈，听乐良久。

八月二十三日(9月21日)　晴。早八钟，自匈牙利京起行，十二钟抵维也纳，仍寓原栈。午后，往观皇宫、博物院，院内于山石学、鸟兽学最详。晚，赴皇家说戏园观剧，园名 K. K. HofBurgtheaters。房屋甚华丽，不亚皇宫，园座上下六层，十钟后散。用膳毕，乃性步归寓，接得各处寄来信件十余件。

八月二十四日(9月22日)　阴雨，微凉，十四度以内。晤江仲良兄刻许，后往观博物院，多古像、古画、古服色等，又观议政院、上下议院、大学校、教堂等。晚，仍在皇家戏园观剧，所演系中国事，名曰：Schlick des Glückes，演义尚好。九点一刻即散，乃返客栈。接报馆中来函谓："廿二日午刻，奉枢密电传，奉旨四品卿衔山东候补道杨晟著充出使德国大臣，钦此。"午后，阅此间洋报谓"继杨星使任者，为前合肥相国之公子经迈京卿"，不知确否，大约德署交卸亦在数月之后，余故毋需亟亟早回数日也。

八月二十五日(9月23日)　晴。早往钦使署为杨星使叩禧，兼以禀辞，谈德奥使署情形甚久，余赠筱宪星使小照一纸，星使亦以一纸转赠。后往皇家宝藏库、上驷院各一观。午后，莫子封来拜，谈刻许。与仲良往皇家欧巴戏园购票不得，遂赴一小戏园一观剧，散后赴茶馆小饮。同座有女郎珠圆玉润，令人难舍，费数点钟之力，乃得交谈。女郎名梅翠，年十八，奥生也，市酒于一花园之酒楼内，人极温柔，颇似良家少女，询之入此间始四越月耳。夜同仲良宿栈房，睡后甚安。

八月二十六日(9月24日)　晴。八钟后起，收拾行李良久。晓笠、仲良来谈甚久，后同仲良赴乡间某大花园中一游，后至梅翠女郎酒楼小饮，谈次甚欢，约赠余小照一纸。九钟出，同仲良分手，余乃回栈，写信函数件，就寝略早。

八月二十七日(9月25日)　晴，早微雨。自奥京起行，八钟展轮。午后三钟，到孟别都会卜拉枚城，寓师特范新开客栈，房屋新鲜，一切家俱陈设、楼梯、楼毯、电灯无不从时尚，柏林头等客栈不过如斯耳。西友马拉君昆仲约余上山登塔，乘电气齿轮车上升，塔高三百跶，塔顶安五色玻璃，俯观城内如入画景。小饮后，步行下山，入城一游。街道宽大，游人塞途，诚亦都会也。晚，马君之弟陪余来客栈晚餐，谈甚久。灯下写信片数十份。

八月二十八日(9月26日)　晴。早，马君来陪游新旧两城。午后三钟登车，马君来送，一面之交如此情重，令人可感。展轮时，彼此摇巾话别。车间与同车人畅谈，至德奥交界处，德人来查税，甚细，惟见余系东方人，又看余箱牌，知为使署人，故一看而过耳。车行两面多山，中夹一河，名“唉入白”，车右之山亦谓“萨格森”，瑞士山景诚佳也。河中有小轮行驶，七钟抵“德勒司登”城，萨格森联邦之都会也，进城一游，兼取邮件。见市面宽大，街道洁净，不亚柏林。灯下书信片，看书良久。

八月二十九日(9月27日)　晴，蒙雨片刻。早，看王宫及王家宝藏库，皆各代君王手用之物，如珠宝、钻石、象牙、金银、磁木各类，闻价约值九百余万马克。又看博物院，内详动植物为最，人体、兽体，凡水陆飞走各兽及草虫无分大小，无不备之。每类复分数十种，或百数十种，兽骨有长数丈、十余丈者，草虫有微至米粒者，各物翎毛如生，每旁并设去皮肉之骨格，以考内体。见人猴骨格无大分别，仅猴之脑后骨长，故西人云，人系猴变，不为无因。午膳罢，搭小火轮前赴罗施为茨山，两岸山树荫浓，楼台高建，颇似长江湖口，又似镇江金焦。行半点余钟，复登岸，换乘铁线挂路火车登山巅，数分钟即到。绕山小步，步行下山，乃乘汽车回城，在店便饭毕，回栈书信片数十纸，乃睡。

八月三十日(9月28日)　晴，暖。早，赴山学博物院一观，顺街闲步，归寓午餐。二钟十八分起行回柏林，客栈因处错，未将余行李先期运到，是以迟迟，车展轮时仍不见来，只得由客栈另寄耳。一路多平原熟地，五钟零五分抵柏林车栈。下车后张养田、张梓材、荣宝臣、杨雨亭、永苐生诸君均在站候晤，遂赴茶馆一坐，乃返署。当晚谒见钦宪及宪眷，遂留余在彼晚餐，并言新简驻奥李星使经迈，托袁宫保向德馆电调精通德语之人充当参赞，星使询余是否愿就此席，余答“年幼，职小，学浅才疏，不能胜任”，星使遂即电复袁公矣。晚，客栈来电，谓“行李已寄，本晚可到云云”。夜睡后久不成寐，以到馆后说话过多也。

九月初一日(9月29日) 晴。早十钟，入公事房披阅一月前之洋卷良久，午后行李已送到，收拾各物，以便分送各处。今日午餐在外就食。晚，宪太夫人送菜及面包等，遂约养田、宝臣、苐生来同餐，梓材外出也。灯下理沿路购来之图册、信片等物时许，一钟乃睡。

九月初二日(9月30日) 阴雨，冷。早，清理洋卷良久。午后，写信片数纸。晚，同大韩使署随员赵君上街一游，晤其星使闵公刻许。气候甚凉，十二钟返署。

九月初三日(10月1日) 阴雨，晚晴。早，杨雨亭、周汉三等来一谈。午后，作洋字函数封。晚，燕平处晚餐，后赴城内一游，花咖啡馆小坐，一钟后始返。

九月初四日(10月2日) 晴阴各半。早，与福兰格君谈使馆事良久，宪太夫人处招饮，同席共十人，饭后听弄洋琴音乐久之，回房小卧理信件、零物时许。晚，仍在宪夫人处用膳，后至燕平寓中一谈，复同入座，晚餐若许。十钟归，作灯课半时，补录上谕两道。

八月廿二日接：“奉旨，四品卿衔山东候补道杨晟，著充出使德、和国大臣，钦此。枢祃。”又八月廿三日：“奉旨，荫昌着回京当差，钦此。枢漾。”又八月廿六日接袁宫保电：“公归有期，曷胜忻盼。季高使奥，欲延精通德文者充参赞，请代物色，并请示覆。凯宥。”

九月初五日(10月3日) 晴。午后，上街购物。晚，在燕平兄处用膳毕，伴伊等进城购衣料，后顺街闲步，晤某女郎片刻。余一人乘车归松山，燕平、聪传均住城内。

九月初六日(10月4日) 阴雨。早，李子贞兄来自英伦，金陵周玉帅委其赴德照料学习制造工匠也。午后，分送燕平兄等四人念记小物各一两种。晚，奇夫人家邀晚餐，同席共二十余人，男女各半。十二钟始返，因席散后弄音乐弹唱良久也。

九月初七日(10月5日)　阴雨。午后，往客栈晤李子贞兄刻许。晚，松山、燕平兄等宴伯爵咸德尔君于宫殿客栈，约余及养田坐陪，同席共七人，席散诣某酒馆一坐Bar，复至红磨跳舞场一观，内中颇有佳丽女郎，共约四十余人，一钟始出，乘车返署。

九月初八日(10月6日)　晴阴各半。晚，冒雨往晤燕平兄等，夜谈至亥末始归。

九月重九日(10月7日)　晴。晚，星使宴松山、燕平、聪传、瑞符等，因伊等明日起行回华也。陪客除馆员及学生外，尚有湖北入营诸君，同席共十八人。畅谈甚欢，十钟半散，伴松山兄等归寓，在彼茶谈良久。亥末乃归，赠燕平黄铜小篮一对。

九月初十日(10月8日)　晴阴参半。午刻，出门午餐。三钟一刻，松山、燕平兄等起行，赴拆奴阿海乘轮东渡，车站送行，甚形热闹。后同杨地山赴博物院一观。晚，在冬天花观剧，后茶谈良久，顺街道闲步，一钟回署。今日午后，新调供事富泽生(惠)到馆。又江南来德习机器员、匠等八人亦来德，内有天津同学咸笔农、陈萁阶、史维章三人。匠目五人均江南制造局派。

九月十一日(10月9日)　阴雨。午刻，咸笔农兄等三人来拜谈刻许，五匠目亦晤谈片刻。饭后，往答拜，冒雨赴酒馆晚餐，后在宪眷处一坐。作灯课时许。

九月十二日(10月10日)　晴。早，缮护照以便发给李子贞等。午后，缮洋字函两件，作灯课良久。今日接到唐日新赠余绣巾一方、茶叶一瓶。今晚已将出外游历一月所用各费算清，计在德境各城住十一日，用德银(连车票一百四十九马八十分)三百零八马，又计在奥、匈两国各处计住十九日，共用奥金五百二十三古伦(一马约合一古十七分)。

九月十三日(10月11日) 晴,微雨。午刻,太夫人处就餐,同座有李子贞等四人及馆员等。晚,赴客栈晤松杰亭兄刻许,同进城一游,在某咖啡馆一坐,亥末归寓。

九月十四日(10月12日) 晴阴参半。午刻,同养田等四人宴子贞、译生等五人,席间致刘泗春、刘咸亭两兄一信片。晚,宪眷处便饭,看叉麻雀时许,作灯课良久。

九月十五日(10月13日) 晴。早,葛罗斯君来一谈。午刻,宪太夫人送面来,因不出门就餐,作洋字函一件。晚,湖北入营各武官设宴于大客店为星使饯别,余与养田亦在座,共九人,主为六人,如杨地山、丁晓树、锦子衡、萧凉诚、吴幼浦、松杰亭,酒肴甚佳。席间用电光拍照两次,余各赠以小照一纸,留作纪念。茶谈刻许,十钟后仍同星使乘原车归署。

九月十六日(10月14日) 阴雨。晚,梓材邀便酌,马塔女郎亦在座。又茶谈时许,余进城遇杨地山、松杰亭、善德斋诸人,同赴茶馆、酒楼小坐,后至林登院小饮。粉白黛绿者令人健羡不置,由夜二钟起始满座,便衣之武官甚多,女郎不下七八十人,四钟半冒雨乘马车归,气候极凉,抵署后天将晓矣。

九月十七日(10月15日) 阴雨。早十一钟起,左鼻孔失血甚多,不解何故。午后,作致江仲良一函,托代作序。午、晚两餐均冒雨出外就食。晚,他人来房久谈,就寝略早。

九月十八日(10月16日) 晴。电光照相已送到,甚好,较白昼微暗,别无他异耳。午后,上街闲步。晚,在美特波戏园观剧,台景、舞衣均好,遇杨地山等一谈,亥末归。

九月十九日(10月17日) 晴阴各半。午后,杨地山、锦子衡等来谈。晚,同在阿波罗园观剧,台景、彩衣亦佳。散后至幼年及红磨舞厅各一坐,女多男少,三钟后归署。

九月廿日(10月18日) 晴,微雨。富泽生赠余信笺、茶叶、柿饼、豆蔻各一色。午后,李子贞等来一谈。作课良久,就寝略早,久不成寐。

九月廿一日(10月19日)　晴,冷。晚,上街看照相,后同锦子衡观剧于弄园,遇吴女郎谈甚久,亥末归。

九月廿二日(10月20日)　晴,冷。午后,葛罗司君来一谈。晚,赴会听讲古希腊国史律。在彼就膳毕,同锦子衡兄进城闲步,至阿谋舞场、电登酒楼各一坐。与子贞分手后,余乘奥托汽车返,抵署后已四点钟有半矣。

九月廿三日(10月21日)　晴,冷。昨晚,星使接德政府电称德皇有要谈,今晨星使遂乘早车赴老皇宫觐见,谈甚久,大致系因胶州之事。晚,外格尔家晚餐,同席共十六人,席散操琴、闲谈良久,十二钟回署。

九月廿四日(10月22日)　晴,冷,星期。今日为余之诞辰。午,衣冠为宪太夫人行礼,午餐系宪太夫人送饭菜一桌,五人同膳,外赠余小金镑三枚。午后,译致外务部长电,德廷有意撤退驻华军队及高密队伍等事。晚餐亦在家食,就寝略早。

九月廿五日(10月23日)　晴,冷。早,李子贞兄率员匠等来辞行,明日将赴克鹿伯厂也。饭后行子贞处一谈。晚,作灯课良久。宪太夫人处一坐,赠巴黎游学陈任先小照一方。

九月二十六日(10月24日)　晴,早雨雪。晨,李子贞等赴克厂,往车站话别,赠以香宾一瓶。回署后,收拾代北京大学堂计购书籍图册装箱。午后,驻义许星使之少君(印同苑)文伯兄来谈甚久,因奉驻俄胡星使之调,襄理文案,道经柏林,欲小住一二日。随行尚有洋员被踢奔君,盖文兄不通西语也。晚,宪太夫人处就餐。余此次出游计历三旬,凡足迹所到之处均留影片纪念。归后,选出百幅装订成册,请张梓材、江仲良两兄作序两篇,以清其原委。灯下友人来久谈,接刘嗣春自奥京发一信。

九月二十七日(10月25日)　晴。午后,答拜文伯兄导观柏林各胜。晚,看马戏,亥末握别返署。文伯明晨启程赴俄也。本日接吕女郎一信，饭店相识，未能接谈，因使人投函订约相见耳。

九月二十八日(10月26日) 晴。午后，上街同勒那女郎闲步，看德提督毛祺新落成石像。晚，偕陈蕒阶、杨献夫进城一游。

九月二十九日(10月27日) 晴，晚雨。葛君来一谈，晚，与吕女郎相遇，携一女友同来，茶谈步游，颇甚相得。盘桓至深夜，始乘马车伴伊回家，余五钟就寝。

十月初一日(10月28日) 晴，午微雨。晚，李子贞处一坐，在彼晚餐，就寝略早。

十月初二日(10月29日) 晴，星期。早起，见客两次。午膳罢，赴养病院探马钟林病，卧病在彼已两月矣，现将就痊，尚须调养耳。后至庚参赞坟茔一观，为焚者甚夥。晚，约梓材、养田同饮，因梓材明日将移居馆外也。回署后在宪眷处一坐，作灯课刻余。

十月初三日(10月30日) 晴，晚雨。早，梅雅君来一谈。晚，同陆女郎及其女友小聚，畅谈良久。十二钟伴伊等回家，余乃返署，同养田谈馆员情形久之。两钟后始就寝。今日往发函霍曼家，投刺答拜，因欲邀余赴跳舞会也。夜睡良久不成寐。

十月初四日(10月31日) 晴。近日俄境各处内乱，火车、邮电均多阻滞。许文伯兄仍在交界处寓次，不能前进。午后，杜常如赠余各国帝王新图一幅，惟无中国皇帝。晚，李子贞处一坐，在彼就餐，回署作灯课时许。

十月初五日(11月1日) 晴。午后，写信数件。晚，与陆谈甚久。十二钟后归，阅报知俄内乱将有转机，盖俄皇有意变法也。

十月初六日(11月2日) 晴。午后，看书良久。晚，梅雅君家招饮，同座四人。餐毕观部票簿刻许，顺道往拜亚女郎，谈片刻。其父母及姊皆出见。十二钟回署就寝。

十月初七日(11月3日) 晴。午后，看沪上李君钟珏《新嘉坡(即石叻埠)风土记》数页，书中所谓三州府者，新嘉坡、槟榔屿、麻六甲三处也。晚，约富泽生观马戏，遇荣宝臣、永莆生坐陪，十二钟茶毕后乃返。

十月初八日(11月4日)　晴。早，接外务部咨，其文曰："本部于光绪三十一年八月二廿二日奉旨：外务部左参议汪大燮，著充出使美国大臣，钦此。又奉旨：四品卿衔山东候补道杨晟著充出使德、和国大臣，钦此。又奉旨：候补三品京堂李经迈，著充出使奥国大臣，钦此。除照会各该国使臣转达诸国外，相应恭录咨行。贵大臣钦遵查照，辨认可也。须至咨者。"晚，同阿勒萨女郎闲步小饮良久，乘夜车游林二钟，后归署茶少许，看书数页乃睡。

十月初九日(11月5日)　晴，星期。十钟起。午后，同周汉三上街，明日日司巴尼亚国王将诣柏林，皇宫之前大街均悬旗结彩，游人拥挤不堪。晚餐罢，李子贞处一坐，有三女郎在彼，畅谈良久。

十月初十日(11月6日)　晴。早十一钟拜牌，行三跪九叩首礼，除馆员外，则有李子贞、陈蓂阶及学生数人耳。午后，作信数封。晚，同陆谈良久，闲步至□店一坐，夜三钟半归署。今日午后三钟，西班牙王阿尔放第十三抵德，德皇以下均赴车站迎接。王年十九，登位仅数年，前系母后垂帘听政。

十月十一日(11月7日)　晴，暖。晚七钟半，王家戏园奉德皇谕，下帖邀观剧，陪伴西班牙王也。星使、福兰格、张养田、荣宝臣及余共五人，服花衣大帽。德后与西王并坐中厢，德皇皇子、皇子妃亦在坐，楼上左女右男，余等坐池内，星使坐右楼，剧名 Copidiol，系马加国舞戏，音乐甚好。中间歇息时大家在大厅立谈，德皇及后、西王太子、王子、王妃、首相、各部大臣、各国公使及参随均与者，十钟则终，乃乘车返署，城内大街游人塞途。

十月十二日(11月8日)　晴，晚雨。午后，上街购物，晤梅维司君刻许，同梓材公上孙星使一函。晚餐罢，同陆、阿二女郎茶谈、闲步多时，十二钟前回署。

十月十三日(11月9日)　阴雨。午后，同梓材上街购物，余购女金表数只，以便将来携带回华。灯下看书良久。

十月十四日(11月10日)　阴雨终日,道路泥泞,不便外出。午后,作法文信一件,看德国官制书良久。晚,宪太夫人处一谈,作灯课时许。

十月十五日(11月11日)　阴雨。未出门。本日接外务部咨文:“驻比钦差今复奉旨改放,李盛铎、周荣曜著留京差遣。”云云。晚,伴宪太夫人良久,灯下看书数段。

十月十六日(11月12日)　晴。午后,梅维司来谈良久。晚,同周汉三与陆、阿一会,闲步多时,茶点毕,乃返,灯下看书数页。

十月十七日(11月13日)　晴,晚雨雪。午后,看德国官制书良久。晚,同陆、新出门晚餐,赴□店久谈,三钟乘车归寓。

十月十八日(11月14日)　晴,冷。午后,作课良久。晚,陈蓂阶等三人启行赴枪厂,李子贞同往。八钟二十分开车,余往车站话别,作灯课时许。

十月十九日(11月15日)　晴,冷,晚微雨。午后,上街看表购物。晚,在梓材家便饭,克女郎亦出陪。返署后同养田理江南、湖北学生入营名册良久。

十月二十日(11月16日)　晴,冷,未出门。阅洋报知芦汉铁轨已开车渡黄河之桥,工程谅不小也。午后,作信数封,缮法文护照一纸,灯下看舆图良久,看叉麻雀时许。

十月二十一日(11月17日)　晴,冷。早,同福兰格讲朝鲜史良久,昨日为德联邦巴宴国驻柏林公使周满二十五年佳期,同寅联名备宴致贺,男女到者共二百余人,首相亦在□。西洋公使驻扎系无定期,人地相宜者,历十余年,二三十年不等,非似中国俗尚,每三年必更换,用意不解其故,故邦交亦[无]从联络也。午后,看书良久。晚,出门闲步,气甚冷,十钟时即返,作灯课时许。

十月二十二日(11月18日)　晴,爽。数旬以来,未得此佳天气矣。晚,缮致巴黎孙慕韩星使一函。晚,同养田赴宜木施乃达夫妇家晚宴。同席男女共廿余人,席散坐谈甚久,看剪报图说,一钟后散,伴二女郎回家，乃同养田性步而返。

十月二十三日(11月19日)　晴，晚雨雪。午后，同李子贞出门觅住房时许。晚，同陆、阿小饮，冒雨闲步多时，一钟后返署。今日接外部电："伍廷芳调署刑部右侍郎，外务部右侍郎着唐绍仪署理。"云云。

十月二十四日(11月20日)　晴，早雨雪时许。午后，德游击曾克拉请星使往观西孟司舒嘎电汽厂，余与福兰格参赞同往，乘奥他汽车行半钟乃到，厂董导观各厂房，如行营得律会、报火警镜、电报新光镜，能照如人身内部骨肉，电光照远镜、造地下水底电线法、多股制钢丝铁线索法，每线小一多至四五十股者，皆非人工所能做到者。略历二小时乃返。晚，赴发尔克曼家晚宴及跳舞会，发君之女公子陪余坐，同席共约四十人。席后跳舞围谈多时，一钟后各分道归。

十月二十五日(11月21日)　晴，暗，终朝大雾，不见天日，颇有英伦气象。未出门，作洋字函数封，灯下看书数页，就寝略早。

十月二十六日(11月22日)　晴。终日大雾，至夜稍减。布司节西人停止办工。午后，陪李子贞觅住房，五钟赴奇夫人家大茶会。到此男女各二三十人，操音乐谈唱久之，多他国人。约历二钟有半，茶点毕，乃散。余与养田赴洋馆便饭，顺道至茶楼一坐，又至宪眷处观叉麻雀时许。

十月二十七日(11月23日)　晴，夜雨。午后，作洋字函数封。晚，永茀生、程济之邀晚餐，同座有荣宝臣、富泽生二人。后至冬天花园观小戏，散后茶谈刻许，诣红磨一坐，有二女郎来陪饮，观跳舞至二钟后乃返。

十月二十八日(11月24日)　晴，暗。早，接外务部来电，知考查政治五大臣尚未起行。午后，看书良久，作灯课时许，就寝略早。前星使咨外务部，以洋员官职较卑及无职人员不能概给宝星，应仿照外奖之例，发给功牌，以便佩带。特制就功牌式样两面，咨呈核复等。因今外务部复文谓："原送式样制法精微，足为美观，一俟本部将发给功牌品级图式。奏明立案,即行分咨各省,使臣仿照办理。为此先行咨复,至所有功牌执照,亦即由尊处就近缮发可以也。"云云。

十月二十九日(11 月 25 日) 晴。午后,作西字函数封。晚,同陆、阿进城一游,步行良久,子正返署。

十月卅日(11 月 26 日) 星期,西洋死节(十一月廿六),多购花圈赴坟茔。早间收到勒那相片一张,半时作覆致谢,灯下看英文数段。

十一月初一日(11 月 27 日) 晴,暖。午后,上街购物。晚,复进城一游,灯下考表良久。

十一月初二日(11 月 28 日) 晴,微雨。今日购到衣箱二只,大者价五十九马,小者三十三马,系佳木所制,外套系帆布黄油。午后,作致陆女郎一函,并送给金表链一褂。晚,接约卜司夫人一相片,信附伊女小照一纸,今年底将满十六岁矣。报载日、韩约已成,昨在韩京逼韩王签押,向后外交由日使代理,内政派日总督一员监理,惟仍云韩国不失自主之权,不知何解。

十一月初三日(11 月 29 日) 晴,晚大雾。早,有青田县售石头商人四,来求护照。与一谈,得悉此货获利甚厚,虽此间开销甚大,然尚可有盈余,大约有一本十利之势也。午后,赴奇夫人家茶会,男女到者约百人,音乐、弹唱兼跳舞,七钟半辞出回馆,复同星使夫妇赴洋参赞福君兰格夫妇家晚宴,同席十六人,多旧相识,菜肴甚好,多适口。席散谈时许,十一钟半席散归,茶少许乃睡,已一钟矣。

十一月初四日(11 月 30 日) 晴,微雾。午后,作洋字函数封,本日接俄署来函,内称十月廿一日奉军机处电开:"本日奉旨,三品衔候选知府陆徵祥着赏加四品卿衔,充出使和国大臣,并兼办保和公会事宜,钦此。"

十一月初五日(西十二月一号)(12 月 1 日) 晴。今日为德国全境查点人口日期,外邦人寄足该国者,亦同照来册填写,如姓氏、年岁、籍贯、婚嫁与否、何业、何教、通何国语言、身体如何等类,使馆之册由德外部送来，寻常住户由本该管地方官送取，闻五年查考一次。午后，上街闲步，购寒物数件，灯下看书良久。

十一月初六日（12月2日）　晴。晚，梅雅夫妇家请宴，同席共二十余人，酒肴各五六道，可谓大餐矣。席散弹唱良久，余与黎君谈时事甚久。入席时每人位前有小诗一章，各诗皆切客人情形而作，内中颇有佳句，盖梅君最善词章，遂有诗行世也。十一钟半辞出，余与二西友赴茶馆一坐，乃返署，二钟就寝。

十一月初七日（12月3日）　晴，星期。早，黄竹溪世兄因改派归官费生来领学费。留此午餐乃去。金俊卿来一谈。晚，上街闲步，灯下考较钟表久之。

十一月初八日（12月4日）　晴，雾。早，将江南、湖北留学生入营改队之名目单造就，拟明日行文德外部，计共两省三十九人。不习武备者，不在此类也。午后，上街购物，换表，购金刚钻戒指两枚。作灯课时许。

十一月初九日（12月5日）　晴，午后大雾。早□夫人因黄学生领学费事来一谈，饭后上街购物。人多异常，盖西国松树节在迩也。灯下同李子贞谈游历德南境事，看报时许，闻北京政府将分作十大部，如外、商、警、海、吏、文、武、户、刑、工是也。

十一月初十日（12月6日）　阴，雨雪。午后，同李、张二兄进城购物。晚，子贞处一坐，与其房东四女郎畅谈久之。十一钟后归寓，看报数段，乃就寝。

十一月十一日（12月7日）　阴雨各半。午后，赴相馆拍照，计坐立各一。回署后作信数封，灯下看叉麻雀时许，看书数页。

十一月十二日（12月8日）　阴雨。早，接外务部复咨，谓："本部查参赞赓音泰在德帮办交涉二十余年，自属资深劳著，今已病故，又复身后萧条，情殊可悯，准给六个月之薪水（月薪五百两），作为抚恤银两。另归正项报销，此系格外体恤也。他人不得援以为例，除电达外，相应咨复贵大臣，查照办理可也。"云云。十月初三日复。午后，同子贞谈良久，读英文数页，灯下看书时许。

十一月十三日(12月9日) 晴。午后，上街购物，购得双人刀叉、剪子等类，为德国最出名之招牌也。晚，赴阿坡罗观剧，走索二男二女极好，他剧衣服鲜明，灯影亦可观。散后散步时许，子正归署，看报数段。

十一月十四日(12月10日) 晴，星期(铁星期)。以松节在迩，铺户仍开门，至夜八钟始毕。近节之数日，每晚至十钟始收市。阅洋报载："考察政制大臣，昨由天津起行矣。"午后，及灯下看德意志合众国议政院章程，又看叉麻雀者良久。

十一月十五日(12月11日) 晴。午后，同李子贞赴大树林一游，至茶楼小饮看洋片，系日俄东亚之役。晚，子贞房东家一谈，四女郎皆在座，操音乐良久，十一钟半归。

十一月十六日(12月12日) 晴。午后，看德议院章程数页，晚听施教士演说"论德东斐洲土人作乱事"，谓德廷派驻彼官府求治过急，土民失于教养，而取彼之赋税过猛，因之起事。说罢，则演东斐洲图景，男女听者愈千人，十钟散后乃归署。

十一月十七日(12月13日) 晴，微雨，兼雾。午后，陪李子贞兄往德意志议政院(此系德联邦尚德国各联邦大臣议事处。普鲁士为联邦之一，位居首。另设上议院、下议院各一所)，今日会议除会员外，宰相毕罗、外部尚书及各部大臣皆临院。院中正副长居中台座，台左右为宰相及各大臣座，台对面池中环分十余部分，坐各党议员。演说时登中台立演，楼上分坐听讲之人，男女皆有，专有一包厢备出使人员坐听。此厢之右为皇家包厢，惟德皇尚未曾亲临。报馆访事坐对面楼上栏边。约逾一小时，余等乃离位外出，幸遇相识哈君，为余解讲一切，倍觉明晰矣。顺道看蜡病院一所，乃归。作灯课时许，亥末就寝。

十一月十八日(12月14日) 晴，微雨。午后，看议院章程良久。晚，观剧，有补大板者能算人之将来，未到算数加减。散后，性步一游乃返。

十一月十九日(12 月 15 日)　晴，微雨。午后，同子贞上街一游。晚，邀子贞及富泽生观剧于阿坡罗园，大致同前。十二钟散乃归署。

十一月廿日(12 月 16 日)　阴雨，晚兼雹。晚九钟，德国官商设宴为星使践行，到者约六七十人，主为前外部副大臣斐施尔、提督封盖尔、伯爵段贺夫、副水师提督阿勒斐等，余与养田亦偕往见毕，分坐数席。席间畅谈甚欢，盖提督先起演颂词，后斐大臣继之。少顷，星使亦起作词，致谢盛意。一钟始散。计晚间到者，官商甚多，各门皆有。如武备、水师、文学报馆、铁路矿学、议政议上下议院之员，可谓积一时之盛。厅内多悬山东铁路公司开车之礼帐数十幅，皆前胶州寄来者也。

十一月廿一日(12 月 17 日)　星期。铺户开门，名曰银星期，城内人多，异常拥挤不堪。晚，同俊卿赴子贞寓处一坐，房东之女皆来陪谈，十一钟后乃返署。

十一月廿二日(12 月 18 日)　晴，冷。早，接电知湖北游学生文清已在病院病故，昨已派洋仆前往照料一切矣。洋报载：上海因近日会审公堂事，关道与各领事意见不合，沪民颇有欲动之势。又闻中国留学日本学生日来有纷纷内渡者，亦因与日人生嫌也。作灯课久之。

十一月廿三日(12 月 19 日)　晴，冷。外间寒暑表降至寒度下二度半，昨晚冰场已开市。早，阅报知沪上各领事多调该水兵登岸防守，闻已毙华人二十余人，西人亦有受伤者，各国炮舰亦有陆续调往弹压者，想不致攘成大祸也。午后，赴树林小步，往钟表店购数枚。晚，驰冰作戏良久，遇同乡数人。灯下看报数段，知沪上事可望平静矣。

十一月廿四(12 月 20 日)　微雪。午后，进城一游。晚，书信片数纸。阅洋报知上海乱事今日已平复，乱民攻击德领事，国家已派人前去慰问，并道抱歉之意，各国已不复再加防守矣。

十一月廿五日(12月21日) 阴雨。早报载德驻北京穆默公使,德改派驻日本东京头等公使矣。午后,同子贞上街购物,灯下写致各处贺年节信片数十纸。闻洋仆回云:文清之柩,系用双椁,俟下次德轮开班,即托带回中国,胸面设玻璃一方,俾家人将来尚可一见耳,闻者悯之。

十一月廿六日(12月22日) 阴雨终日。阅报知,两江总督周玉帅昨日赴沪查办会审公堂启衅之由,兼安该地西人之心。午后,看书良久。晚,赴会中听讲,所演系回教各邦之律法、民生等事。十钟散后,性步返署,由城内至使署约需三刻钟,途次遇杜常如,立谈久之。看书数页乃睡。

十一月廿七日(12月23日) 晴雨各半。晚,赴新开之欧拍尔戏馆观剧,池座每位八马克。回署后书信片良久。阅报载:"因近日上海之乱各国前议撤兵事,想须从缓。"云云。谅亦意中事耳。

十一月廿八日(12月24日) 晴,微雨,星期。晚,姚正甫兄处一坐,室内置有松树一座,上悬金银线及洋烛,树下摆各礼物,西洋通俗也。后谈马钟林事良久,亥末归。

十一月二十九日(12月25日) 晴,冷风。西洋松节第一日,终日无报纸,铺户皆闭门。午后,议厨夫事良久,写本月报销账。晚,进城一游,后在姚正甫处一坐,陪伊街途闲步时许,小饮毕,乃返。

腊月初一日(12月26日) 晴,暗,微雨。松节第二日,无报纸亦无面包,终日未出门。灯下看英文良久,同养田谈伙食事,拟于初八日起仍赴外间就食,因马、顾二人皆充厨役也。十二钟睡,良久不成寐。

腊月初二日(12月27日) 晴阴各半,终日大雾。今日伤风,右鼻不通,不时出涕,兼微咳嗽,未出门。午后,译电数道,赓德祥来久谈。灯下看书数页,宪眷处一坐。近日柏林气候不佳,患伤风咳嗽者最多,睡后甚安。

腊月初三日(12月28日) 晴,雾,晚微雪。早,京师译学馆派到学生三名，抵德又一名，系赴俄京游学者。办德文护照一纸，俾明日启行往俄。午后，赴大树林闲步，又进城购零物数件。晚，宪眷处小坐，看书数页。今日伤风较昨略重，咳嗽如昨，头觉发浑，鼻头红肿，似此情形想非一二日内可能就痊者也，就寝微早。

腊月初四日(12月29日)　阴，雨雪少许，微雾。午后，写贺西年片数十纸。晚，宪眷处一坐。看书良久。今日咳嗽伤风皆微减，谅从此可望就痊矣。昨晚朝鲜使署随员韩君亦回国，送片来辞，行前数日，该馆赵随员亦寄片告辞。

腊月初五日(12月30日)　阴，雨雪终日，大风，冷。午后，上街购物，看画景刻许。晚，观叉麻雀者久之，作灯课时许。

腊月初六日(12月31日)　晴，冷。雪后林木如银树，今日柏林星期报第五十二册刊有余之小照，并附数言，略谓"随节驻德四载，今将内渡，在此公余尚赴大学校听讲，寻常往来亦多文人学士"云云。今日伤风较昨略加，晚又进城观预贺新年者，游人如鲫，亥末返署，觉寒气入骨。夜睡故不甚安，左鼻孔及左耳中微痛，身亦微发烧，旋睡旋觉，天明后始得熟睡少许。

腊月初七日(1906年1月1日)　晴，冷。门前多银树，西国新年，各买卖关闭，惟邮局照常收发，因本日多贺年信件也。早起身，觉十分不爽，鼻不通气，周身发冷，午后稍轻。有留学生名周慕西者，系福建厦门人。晚，作致□尔茨女郎一函，甚长，述因病不能晤面。看操麻雀者良久。

腊月初八日(1月2日)　晴，冷，厚霜。午后，姚正甫携鲜花一柄来探余病，谈刻乃去。作灯课时许。今日伤风，午前稍减，夜则加重。颇有头晕眼花之势，夜睡不甚十分安静。

腊月初九日(1月3日)　晴，冷。午后，电汽公司经理人游击曾克纳来一谈，后杜常如、姚正甫相继来一坐。灯下看日记图册良久，看操麻雀刻许。

腊月初十日(1月4日)　晴。午后，同养田赴奇夫人家孩童音乐茶会，到者人客约七八十人，女多于男。孩童约二十余，男女各半，约由五六岁至十四五岁，分班跳舞弹唱，颇令人欣悦，大家皆鼓掌和之，奇夫人应酬最周，与余立谈多次。约历一时余，乃散归。晚餐间马、顾因厨房事，复争吵，大约有暂停伙食之势。灯下看叉麻雀者良久，食水果若许。

腊月十一日(1月5日) 阴雨，稍暖，水始化。午后，看华报纸良久，灯下作致葛君一函，甚长。

腊月十二日(1月6日) 阴雨。伤风微减，饮食照常，看尺牍良久。

腊月十三日(1月7日) 阴雨，晚晴，星期。作致亚可卜算君一函，看书数页。宪眷处一坐。

腊月十四日(1月8日) 晴阴各半。早，接俄京使署函云：森都安靖火车已开，学堂尚辟外间。纷传明年开议院，时恐不免有一番大闹，是否可信都未敢知云云。今日看《聊斋》数段，午后杨雨亭兄来一坐，因余伤风系寒火，特送杭菊花一包，以便合茶而饮。海外得此实属不易，殊可感也。

日记　卷拾叁

在柏林记

光绪乙巳(光绪三十一年)腊月十五日起至光绪丙午(光绪三十二年)四月初七日止

(1906年1月9日—1906年4月30日)

光绪三十一年腊月十五日(1906年1月9日)　西历千九百零六年正月九号，晴，微雨。午后，写账良久，梓材来久谈，看《聊斋》数段。伤风稍愈，惟鼻孔发干，偶流黄汁，内火盛也。晚，报载日本驻德公使jnaiye君，现升为驻德大使(头等公使)，日京已见明文，闻英、法、美等国，日廷亦次第改派大使驻扎云云。

腊月十六日(1月10日)　晴。见日光数次，午后雨。阅报知德外部大臣李和前患病甚剧，虽仅数日，医云"恐有不起之势"。现伊弟及子等均守病床，不离左右。德皇亦派御医前往诊治。午餐罢，见天气放晴，乃出门赴大树林一游，步行约一小时，归途即雨。返署后看书数段，灯下作洋字函、看《聊斋》数页。昨晚闲谈偶及三姑六婆多不能名，今始知三姑者尼、道、卦，六婆者牙、媒、师、虔、药、稳是也。

腊月十七日(1月11日)　晴阴各半。终日未出门。午后，看书良久，灯下诵德语数段。顾顺福停止弄饭，明日由马忠林接手，伙食照常。

腊月十八日(1月12日)　晴阴各半。午后，看书良久，晚七钟前，李叔伦(经叙印)观察，携译员罗伯苏(之彦印)，由英京抵德，子贞兄偕洋仆孟特赴车站迎接。灯下替宪太太操麻雀时许。

腊月十九日(1月13日) 晴。早,发电致克虏伯厂,告以余偕福兰格参赞于廿二日前去点验江南订购炮位,因江督周玉帅预有函相托,派员驻验也。午后,陪宪太太出门,赴牙医处诊牙。取牙有妙药,涂后毫不觉痛,惟见鲜血耳。晚,同杨雨亭出门闲步,赴茶楼、酒肆一坐。一钟后,余分道归。

腊月廿日(1月14日) 星期。阴雨,风。午,黄碧湾来同餐,饭后偕富泽生答拜李叔伦观(察)及罗伯苏,坐谈良久。观察年约三十八,人颇温和,无世家子弟习气。系李京卿经芳之乃弟,通英、法语,曾在美洲有年。罗君通英语,亦出洋多次矣。回署后杨雨亭来一谈。灯下看书良久。

腊月廿一日(1月15日) 晴爽。早,发克虏伯厂一信,谓李观察偕四委员明日同时前往阅厂。午后,洗澡毕,看书良久,阅洋报欣悉德外部大臣李和前病,今渐平,谅可保无虞矣。晚,杜棠如送来相片一张。灯下看书数页。宪太夫人处一坐。回房收拾零物刻许,就寝略早。

腊月廿二日(1月16日) 晴爽。午刻十二钟,偕洋参赞福兰格君登火车,前赴克虏伯厂点验江南订造七坐的半新式管退过山快炮,适李叔伦观察亦带四委员同来车间聚谈。颇寂寞,车至汉纳威城时,克拉格女郎来站一晤,余赠给小照一纸,立谈片刻,乃握别登车,车亦展轮。晚七钟三刻,抵爱森城站,到者有克厂派员数人,又咸笔农、史维章等。入栈分住房间后,八钟半晚宴,计十一人,惟李子贞兄因病未到。席散回房,书信片良久,乃睡。

腊月廿三日(1月17日) 阴雨。早九钟半,乘车赴靶,倾盆大雨。计快炮六尊,各试击四次,一炮快击(计用十四秒),五响后移一尊至一厅内作安卸二法,计卸用四十秒钟,安用五十余秒。每炮分载四马,又二马驮子弹、炮闩、炮管、退机关等件,皆一一详为指示,甚觉清楚。午餐设宴,余起作谢辞,并代李叔伦观察申谢数语。席散,往各厂一看。计看压钢板厂、炮管厂、炼钢厂，其余与前次所看相同，后往拜咸笔农、史维章等，坐谈刻许。晚餐时回栈，饭后，咸、史诸君来晤。今日厂中赠以信片数十纸，图说一册，又铜铸快炮样一尊，书案玩物耳。厂女主克虏伯夫人处投刺答拜，今晨在试炮场廊下见李传相亲笔书（用铅笔）李鸿章三字，装一玻璃镜内，留德不忘之意，虽西人好名，然亦尊敬远国重臣而作也。

腊月廿四日（1月18日）　晴，午后雨。早起点心毕，开赏钱数分，因客栈费克厂不取资也。八钟四十四分，搭火车返署，咸笔农、史维章兄等五人送至车站，立谈片刻乃展轮。李叔伦观察偕其四委员仍往彼看厂二日，余与福兰格先行，因明晚德宫有朝会也。车行震动异常，令人难以安坐，四钟抵柏林。晚餐后，赴星使房一坐，详陈阅炮各事。就寝略早。

腊月廿五日（1906年1月19日）　晴。阅报，德外部大臣因病辞世。刻继其任者，尚无准人。晚，星使赴德皇宫朝会，随行者计参赞衔福兰格、随员张养田、荣宝臣、张梓材及余也，分乘双马车二辆，七钟半前抵宫，与相识者立谈良久。八钟一刻，分排鱼贯朝见，先公使夫人及其女参随眷属，后各公使及参随。倘有公使外出者，该馆代办则居末不得按原次序排班。譬如此次波斯、暹罗皆如是也。再后，则为本国官员，亦女先男后，德皇、德后分右左立小台上（皇子皇妃分立其后），各人赴皇及后前各一鞠躬礼，乃毕。皇与后皆颔答谢，然后经油画弄至白厅小饮，立谈刻许。乃各分手登车出宫，十钟前刻许抵署。

腊月廿六日（1月20日）　阴雨，晚微雪。外部大臣李和前，今日午后在教堂丧礼，各公使皆赴吊。晚，同养田赴黎木施乃达夫人家晚宴，同席廿十余人，席散围谈良久。一钟后返署就寝。时已二钟矣。

腊月廿七日（1月21日）　晴，晚雨，夜微雪。报纸纷传柏林工党将作乱犯上。皇宫一带皆设重兵，至深夜亦尚无动静。在家看书良久。晚，同陆、阿二女郎复会于茶楼，后进城小饮，乃冒雨雪返署。

腊月廿八日(1月22日)　晴。早，查点洋书良久。午后，上街购书、看表及零物。晚，陪宪太夫人看麻雀时许。

腊月廿九日(1月23日)　晴，冷。冰场昨日复开。早，理洋文书籍时许。午后，同陆茶谈良久。晚餐毕返署。十一钟陆约至家久谈。三钟回馆就寝。

除夕(1月24日)　晴，冷。午后，书贺年片二十余件。六钟，衣冠为宪太夫人辞岁。七钟，同人公备年酒年菜聚饮，同座计十人。餐毕更衣赴李叔伦观察处一坐，后陪赴大舞场一观，又茶谈刻余，三钟返署。

大清光绪三十二年岁次丙午元旦(西历千九百零六年正月廿五日)(1月25日)　晴。早十一钟，衣冠拜牌，除馆员外，有李观察叔伦及其随员三人，又四川杨监督等，后至宪太夫人处叩年禧，茶谈刻许。午后，赴客栈为李观察拜年，坐谈甚久。回署后写贺片十余纸。晚，宪眷处一坐。就寝略早。今日接到各处贺片三十余纸。

正月初二日(1月26日)　阴雨。早，德人施德明君(前同文馆教习)来一谈。午后，作洋字函数封。晚，陪李叔伦观察赴舞场一观，二钟回署。

正月初三日(1月27日)　阴雨。德皇寿日(西历正月廿七日)。各处多有升旗者，信局亦停班。今日星使之少君一周岁，同人均有所赠。余赠以绣花衣料，红绿二色。十一钟偕大家衣冠前往叩禧。午后，在爱黎则家茶谈良久。后同爱及阿女郎等出门晚餐。餐毕，伴渠等回家。余赴客栈访叔伦观察，不晤，乃返。归途火车拥挤异常，几无容足地。回署茶少许，二钟半后就寝。

正月初四日(1月28日)　晴，星期。发薪水。午后，往爱黎则家久谈。在李观察处便饭毕，赴冬园观剧。散后往红磨舞场，群花围聚，令人可爱。二钟分道归。

正月初五日(1月29日)　阴雨。早，阅驻美梁星使主稿，请立宪折稿各使会衔。今午后丹马国王克黎司踢妥薨逝，年八十八（为现时欧洲最年长之君）。德皇拟亲自赴吊，德宫拟请之跳舞会，顷已来函辞退。晚，同李叔伦观察赴酒馆小叙，晤某女郎良久。汉纳威城克女郎赠余小照一纸。

正月初六日（1月30日）　晴。午后，理湖北游学生报销良久。晚，晤爱黎则刻许乃返。宪眷处一坐。

正月初七日（1月31日）　晴，晚微雨。午后，看湖北学费报销册。晚，同李叔伦观察上街一游，呵嘎底亚舞场一坐，二相识女郎来久谈。赠余等鲜花各一柄。二钟半出门分道归。余四钟就寝。今日奉外务部咨，闻上年冬月准日本内田使照称，订定日韩协约，将在各国韩国使馆、领事馆一律裁撤，该馆事务移日本使馆及领事馆办理等语。

正月初八日（2月1日）　阴雨，微雪。午后，看上年报销数页。晚，晤爱黎司良久，伴渠回寓，余乃返。茶少许，睡后久不成寐。

正月初九日（2月2日）　阴雨。午后，上街印信片、购零物，顺道至梅雅君家一谈。晚，同李观察街途小步，至舞场一观。遇相识数人，与汉则女郎久谈。二钟后返署，与韩国星使闵公立谈片刻。

正月初十日（2月3日）　雨雪。午后，李观察来坐。便饭毕。晚，同北梯女郎三人赴马戏园观剧。散后赴黎施晚餐。至北梯家小坐。房屋三四间，家具亦鲜明，用一女仆。二钟后，复同往灵登酒楼一坐，数妓来陪谈，四钟后各分道归。余就寝已五钟矣。

正月十一日（2月4日）　星期，阴雨，午刻始起。饭后赴客栈迎接李观察及英人柯尼施工师，赴星使所设之晚宴。同席共十七人，席间同柯工师谈英文良久。十钟半散席。

正月十二日（2月5日）　晴，冷。午后，算报销良久。晚，至客栈，久候李观察。后同往东方舞场及酒房小坐。二钟后归署。

正月十三日（2月6日）　晴。早，接电知戴、端专使二月初十日可抵德，经过英法小作勾留，其参随二十余人，拟先赴德请派人照料云云，当即函知外部矣。午后，上街购物数件，看表数枚。晚，作灯课良久。

正月十四日(2月7日) 晴。晚，微雪。午后，算报销时许。晚，德游击争克拉夫妇邀晚餐。共席二十余人，席间男女各半，余挽游击夫人入席。席间争君作诵词，余亦答谢数语。余席前设一中国龙旗一面。席散弹唱演说久之，争君夫妇皆功油画，其一子年十七，亦出见，幼女二岁。二钟返署。

正月十五日(2月8日) 晴。元宵佳节。午后，上街购物。晚，李叔伦观察处一坐。赴红磨看跳舞会良久。二钟冒雪归寓。

正月十六日(2月9日) 阴雨，午后晴爽。早，与李叔翁上街看钻石兼看做钻石之法。每石须磨五十八面，成色分六十四成分，每成合价四五十马不等。又有巴西老钻石，其色白，价尤昂。又购零物多件。晚膳毕，已十二钟，遂赴茶楼小坐，二钟返。

正月十七日(2月10日) 晴。晚八钟半，德皇宫音乐会，到者约七百人，仍分坐白殿。乐台对面设德皇、德后座。其皇子王妃皆就其左右坐。后为二等公使及赞随等。台之左右分坐头等公使及公使夫人、首相夫妇及各大臣与其夫人，因丹马王之丧，女皆黑衣，素饰露胸，及腕皆素皮手套。男服如常。乐师约五十名，衣红之幼童约七十余名，衣青男子三十余，分班弹唱，音颇入耳，百音如出一原，乐亦异常清雅。憩息时，德皇及后晤在坐者半时。十一钟后入席，酒菜各三种。十二钟半散归，抵署后更衣进城，陪李叔翁夜游良久。五钟复返署。

正月十八日(2月11日) 晴，星期。午，黄碧湾来午餐，李观察、柯尼施赴红磨一游，后又偕柯瓦司嘎赴林登小饮，四钟回署。

正月十九日(2月12日) 晴爽。午，李观察来邀进城购物。晚餐罢，核算客栈费良久。谈沪江柳巷事多时。一钟后回署。

正月二十日(2月13日) 晴。午刻，偕叔伦观察上街购物。晚，邀阿坡罗园观剧。后赴皇帝院小宴，复邀二女郎往卖登茶楼小饮，送观察归寓。余与一女郎复谈良久。

正月廿一日（2月14日）　晴。午后，仍偕李观察购物良久。晚，星使邀观察观剧。余约柏提女郎来陪，散后往鸽子厅大酒馆晚宴。又至阿克底哑园观跳舞时许。三钟返署。

正月廿二日（2月15日）　晴。午后，陪李观察各处拜客。后同李子贞兄来辞行，晚六钟三刻展轮，明晨八钟即可抵奥都，星使以下均赴车站相送，临别余赠李观察地球美女图说二册。赠子贞刀叉、梳枇各一匣。彼此皆以小照互送。今午，奥京梅斋女郎寄赠伊之小照一纸。玉容如昨，令人想思难已。

正月廿三日（2月16日）　晴。终日未出门。午后，看上年报销，核算数款。灯下作覆梅斋一信，甚长，赠以小照一纸。阅洋报知，戴、端专使昨由美埠纽约启行来欧。

正月廿四日（2月17日）　晴。午后，赴船行一谈购船事。晚，同星使、福兰格、张养田赴柏林戏园跳舞会。到者男女过千人，先弹唱，继跳舞。余至十钟半乃出，复梅雅家晚宴，人客约六七人，拍照三次，二钟返署。

正月廿五日（2月18日）　晴阴各半，星期。午后，往工艺博物院观德太子订婚时所获各国之礼仪，大约推土耳其皇所赠之礼为重，计首饰三件，大号金钢钻二十余粒，大者似五毫小洋，小者约数百粒。中国礼系玉如意一只，珐蓝瓶一对。俄皇俄后亦赠宝石，义皇赠银器一箱，日本赠银盆一对，其余教皇以及波斯、暹罗等无不有礼。四钟后，赴唉黎则家茶谈良久。后阿女郎等进城晚餐，餐毕性步游树林久之。十钟返署。就寝略早。

正月廿六日（2月19日）　晴，暗。早，接外部电，知戴侍郎鸿慈补授礼部尚书矣，端巡抚已补授闽浙总督故也。今日德外部来文，新任外部大臣池尔施祺已接印任事矣。午后，作致爱黎则一函，附寿礼德金五磅。核算上年报销良久。灯下看叉麻雀时许。

正月廿七日（2月20日）　晴阴参半。午后，写账、看报销良久。

晚,宪眷处一坐。作灯课时许。

正月廿八日(2月21日) 晴阴参半。早,以德文题赠奇森格夫人小照,约数百言。午后,写洋字函数件。晚七钟半,随星使赴德宫跳舞会。同行者尚有养田、梓材二兄,宝臣因病辞退,德后因不爽未到,太子妃亦因欠安未到,其余如皇帝、亨礼亲王、王妃、德太子、他皇子、皇后之妹及他外来王子、王妃。后登台观跳舞,极有趣味。男女衣服鲜明,跳舞极有次序,非他处所能及也。与相近之人立谈多次。十一钟赴宴,菜三道,点心一,果品一,酒亦三种,各席间均置银器,如花瓶、烛台之类,及鲜花、器工极精细。席散复观舞良久。十二钟半散归,临行饮热酒于油画弄。

正月廿九日(2月22日) 晴,午后微雪。四钟,至爱黎则家茶叙时许,后同进城晚餐。餐毕,顺道性步游兽园。十一钟后返署。赠奇夫人之小照,今日送去矣。

二月初一日(2月23日) 晴,午后微雪。闻专使之参随明日将抵德海口,故派孟特前□迎接。德皇银婚在即,各国均拟致贺,加又皇之二子成婚,亦定是日,故电告外部,我国亦应发国电致贺云云。午后,上街购戒指、钟表、显微镜等物。晚,同宪老太太操麻雀时许。作灯课半时。晚,接电知专使参随三十人,初三日夜可抵德海口 Cuxhaven,距汉堡城尚有数点钟火车。

二月初二日(2月24日) 阴雨兼雪,冷。早,理洋文来卷良久。午后,作洋字函数封。接英京汪星使电知,戴、端专使十二日可抵德京。晚,同爱黎则便酌畅谈时许。十二钟后乘车归寓。简奥李季皋星使今日由沪放洋。

二月初三日(2月25日) 晴雨各半。午后,看政制书良久。俊卿来一谈。晚,爱黎则家茶叙,深夜始归。三钟就寝。

二月初四日(2月26日) 晴。早七钟起,因专使之参随已到,共廿二人,晤相识冯玉潜、陈兰薰刻许。今日译致德皇电一道。其文曰:"大清国大皇帝电致大德国大皇帝,朕钦奉慈禧崇熙皇太后懿旨,欣闻大皇帝现属银婚之期，并皇子即日举行嘉礼，实深庆幸。用特专电致贺，惟愿福禄骈臻，国运昌盛，有厚望焉。闻此次戴、端专使之来意，以立宪为主，财政为辅，以官制为机关，但立宪可缓，官制为急，故仍以官制为要。大约在德有五礼拜勾留。午后，看宪法书良久。灯下作致爱黎则一函，甚长。阅报数页。就寝略早。

二月初五日（西二月廿七号）（1906 年 2 月 27 日）　晴阴各半。昨日为德第二皇子 Eitel Friedric 迎亲入宫之日，使署皆升挂国旗致贺。本日为皇子成婚嘉期，又为德皇德后银婚（西例成亲后廿五年之嘉礼也）之日，各处亦皆升旗，公众并有筵宴礼仪。星使昨已奉到辞行国书两道，一递德皇，一递和君后，其文曰："大清国大皇帝敬问大德、和国大皇帝、大君后好。朕眷念友邦，夙敦睦谊。前简侍郎衔正白旗汉军副都统荫昌为出使贵国钦差大臣，接任以来，极承推诚相待，现在召令回国，特谕于临行时，亲递国书告辞使任，以昭郑重邦交之意。并祝大皇帝、大君后福履绥和，国运昌盛。十月初一日。"后幅缮满文，查国书夹板均锈全龙及彩云，面中书大清国书。再套以黄绫盒，盒面亦锈金龙，如内式样，惟无字，再外缠以黄绫，再盛入黄布匣内，此向来国书之式样也。午后，看书良久。晚七钟，随带洋仆赴车站迎接陆子兴星使，由俄京赴和新任也。年约三十余，西装无辫发。随行有吴君某一人，下车后遂往客栈。寒暄刻许，余乃辞归。后在宪眷处操麻雀时许。同星使一谈专使参随事故数段。

二月初六日（2 月 28 日）　雨雪各数次。午，陆星使子兴来拜，谈片刻。陈兰薰赠《圣路易博览会游记》一册，并新景泰蓝茶杯两只。午后，答拜陈兰薰、冯玉潜，皆不晤，惟晤冯之乃弟刻许。顺道购香水等物。晚，同爱便酌，后至伊家作夜谈。四钟后归。

二月初七日（3 月 1 日）　晴阴参半。晚，在爱黎则家一谈。九钟后，至车站送陆钦使行，由此赴巴黎，再诣和京赴任。九钟五十二分展轮。星使以下均到，又日本署随员一人来送。陆在俄京时之旧友也。归途适雨雪，就寝略早。

二月初八日(3月2日) 晴。晚，外格尔家小宴，约十数人，与庞特女谈极久。十二钟返署。

二月初九日(3月3日) 晴，冷。晚，同爱黎则往观德太子妃上午完婚所着衣之礼衣，该衣系置一玻璃匣内，式同女子宫服，裙后长，尾约二密达，用银线织成，下边以及领袖皆织花叶花朵，色系银色，工极精细。闻系法国工，造价颇昂也。晚餐毕，看书良久。至爱之新屋作夜谈。

二月初十日(3月4日) 晴，星期。午刻返署，译电报数道。知专使戴、端二公准十三晨七钟二十八分可抵柏林车站。今日洋[报]载有皇太后病势垂危，谅出自误传耳。午后，看书数段。晚，作洋字函一件，陪宪太夫[人]一谈。就寝略早。

二月十一日(3月5日) 晴爽。终日见日光，柏林数月来难得之佳日也。午后，上街购物，首饰店一谈。据云，钻石今日价增三成，足见年来此物购者过多也。晚，宪眷处一坐，星使酬劳随使四载，赠余及养田各新式金表一只、六倍双管远镜一付，共价逾三百余马。今晨接外务部专电称，近日各报误言甚多，两宫康安，如有询及，希以此告之，并转告戴、端大臣云云。

二月十二日(3月6日) 晴，暖。午后，赴皇帝院客栈(即前李傅相游欧时寓处)，看房间系赁第一、二号房，客厅一，各旁卧室各一，左厢有小房二，备做官厅用，客厅器具一切甚精细。卧室亦宽大。闻每日议订房金百马，饭菜在外，其余随从人等多住上层，每日房饭十四马，尚觉公道，盖店主盼将来事后得中国宝星也。顺道购零物及金手炼、表炼数付，又购除痒药水一钟，因近日下部作痒。昨夜致睡后屡醒，今日午后，德皇以得律会，约星使晚间前去面晤，谅系因专使之事也。就寝略早。

二月十三日(3月7日) 晴。早五钟半起，点心毕，同大家乘官马车诣车站，在厅房小歇，随星使登车站阶。计到者馆员自星使以下，湖北、江南、四川游学生及专使之参随，武官数人。七钟半车入站房，星使登车晤两钦使，星使军服，专使亦衣冠，年皆约五十左右。下车后分乘马车入客栈，余等亦随往。上手本禀安，当蒙接见，人多时猝，未能过谈，片刻乃出，遂返署，使署门首今日悬黄龙旗。午后，小卧，看书数段。晚，译俄署转外部长电洋洋五百言，大致系解劝游学生事。九点后，诣爱黎则家，赠以香水瓶、锁炼各一，夜谈甚欢。

二月十四日(3月8日)　晴，风。早七钟起后，帮译专使国书，其文曰：大清国大皇帝敬问大德国大皇帝好，中国与贵国通好有年，交谊日臻亲密。夙闻贵政府文明久著，政治日新，凡所措施，悉臻美善。朕膺念时局，力图振作，思以亲仁善邻之道，为参观互证之资藉，特派(户部右侍郎戴鸿慈、湖南巡抚端方)前赴贵国考求政治。该大臣等究心时务，才识明通，久为朕所信任，爰命恭赍国书，代达朕意，惟望大皇帝推诚优待，俾将一切良法从容考究用备，采择施行，寔感大皇帝嘉惠友邦之至意。大清光绪三十一年(皇帝之宝印)八月初九日。查专使之参赞中，仅一头等参赞，余皆二等薪水，亦照出使奏定章程，惟有路费、房饭另作，正开销较常以驻洋者稍优，其随员中有他省派员，随同查考事件者，薪水另议，不照上例。午后，见客数次，小卧半时。晚大风雨。九点后，冒雨至黎家看相片及玩物良久。亥末就寝。

二月十五日(3月9日)　阴，大风，冷，雨雪各多次。九点前回署。午前，专使戴、端来署谒见宪老太太。晚，宪眷约专使便饭。余上街购物，顺道诣客栈，答拜陈仟兄等，均未晤面。晚，宪太夫人处一谈。就寝略早。

二月十六日(3月10日)　晴阴参半。午后，书题相片，分赠留别柏林诸友。晚，在爱黎家作夜谈，看相片及书札良久。爱赠余袋中囊一只，亲手绣字。

二月十七日(3月11日)　阴晴各半。午刻，回署用膳，同座十余人。饭毕，同李敬如进城一游，赴二茶楼小饮，观那坡利城景数十页乃返。作灯课数刻，就寝略早。

二月十八日(3月12日) 晴。午后,晤陈兰薰,陪往购表。灯下看闲书数段。名曰《三夜》。

二月十九日(3月13日) 阴雨雪数阵,冷。午后,吴幼甫送香肠十支,家乡风味不易得者也。食之,味甚甘。看书良久。晚,赴爱黎则家一谈。亥末就寝。

二月廿日(3月14日) 晴,雪数阵。今晨专使赴德海口施特停看厂。午后,奥署随员邓仲果(昀)偕其夫人来拜,均西装。晚,往答拜,后顺道至爱宅一叙。看信札良久,子正就枕。

二月廿一日(3月15日) 晴,雪数阵。昨接驻和陆使函电称,星使辞行国书可免亲递往寄和署,由陆使随接任国书同递,可免跋涉矣。故今将国书及译稿,一并寄交陆使。午后及晚间,收拾书籍,装箱良久。今接刘文泉出自东京发一函,谓随泽公往彼二旬,明日将启行赴美,再赴法,再赴德云云。

二月廿二日(3月16日) 晴。今晚德皇之堂弟 Friedrich Leopold 福礼留伯尔特亲王(德后之妹即王之妃)招饮,五钟后同张养田随星使赴车站,备有专车在彼等候。登车后,见二专使戴、端及参赞任昭泉、刘仲鲁、冯玉潜,又前上海德总领事克纳贝、前汉口领事延乃则、前德使署华文译员博尔希,又水师提督盖司拉,均已到。六钟一刻展车,行约半钟,抵波磁打木该亲王府宫。大家分乘宫车四辆入府。王偕妃迎于厅内,各握手为礼,小谈片刻,即入席。酒肴各八九种,席间置印度之银器,多盛鲜花。席散后立饮、立谈刻许。余与王及妃各谈片刻。妃亦极谦和好客,王曾两次游历中华,携回东方物件甚夥,王导大家往观。九钟辞出,各握手言谢。王亲送至门首,候车行,始进车间,同接待员谈北京情形数事。九钟三刻,抵柏林,遂各分道归。

二月廿三日(3月17日) 晴。午后,看书良久。晚餐赴爱黎赛家,作夜谈,看尺牍时许。

二月廿四日(3月18日) 阴晴各半。午后,收拾衣箱,入营诸千戎来久谈。晚，爱宅作夜谈，看闲书良久。

二月廿五日（3月19日）　晴。午后，看《巴黎茶花女》故事。晚，收拾物件时许。就寝略早。

二月廿六日（3月20日）　晴。午后，上街购物。晚，爱宅一坐。看《茶花女》良久。余一人独寝。

二月廿七日（3月21日）　晴。午后，收拾衣箱。晚，随星使同养田、梓材赴德宫音乐歌唱会。大致如上次，惟女服彩衣不似上次，皆玄色也。乐工四十余人，男女歌者各三十余人，作乐数次，独唱二次，合唱四次。十一钟晚宴，宴罢德皇围谈刻余，晤星使甚久。一钟前散归。

二月廿八日（3月22日）　晴。午刻，马海饶赠以手撰《论中国》一书，系德文，可谓鄂省游学中人出类者也。午后，收拾衣箱数时，体觉乏甚。灯下作致爱女郎一书。宪眷处一谈。晤外部来人男爵格吕闹君，谓德皇已订专使晋见日期。除专使及其赞随二十人外，尚有星使及余与养田兄，亦应同往。

二月廿九日（3月23日）　阴，雪。接奥京使署电，李季皋星使准初三到奥，杨星使初五到德。午后，收拾物件良久。晚，谋尔君家招饮，男客约五六十人，女客六人，皆其亲戚，谈次甚欢。十二钟后散归。适雨雪，气甚寒。

二月三十日（3月24日）　晴。午刻十二钟半，随专使及星使并专使参随十八员诣德宫，宫兵站立两旁鼓乐迎接，抵一厅少息，遂觐见，鱼贯而入。进殿后一鞠躬，至德皇座前再一鞠躬。大家分前后站立，皇坐宝座，手握军规，端坐不语。座旁立武官多人，及数部大臣。戴尚书作诵词，德署译员译德，再向前进步鞠躬，呈递国书。皇接书后，乃交座左礼官。礼官以德文译稿呈皇，皇自高声诵读，译员再以华文照诵一通，礼毕，后退数武，鞠躬，再退，再一鞠躬，乃入他殿小息。少顷，礼官携官冕宝星三面，皆头等，分赠专使及星使。无何，皇经过此殿，握谈片刻。星使等则谢赠宝星之意。再进一殿，德后及太子、王妃、宫女皆立候，与专使各握手为礼。我国家所赠皇及后各种礼物，分设二台上。如绣货各二匣，桐漆盒各一对，绸缎数卷，北京胜景照片各一册，大小花瓶数对。又茶叶数瓶。寒暄刻许，乃导入席。席系长台，分坐九十人，皇与后居中对坐。二专使分坐皇之左右，后坐太子及福礼留伯亲王之中。席间陈设为银器，鲜花甚多，军乐之音随酒肴作之，清雅异常。席散后，至一邻厅，立饮嘎啡、小酒，皇与三星使谈极久。后及太子亦在旁。三钟时，乃辞出宫。宫门一带均设宫兵，持枪为礼，亦有音乐。随道往返均乘宫车，计二乘。三星使及接待员分乘，车前一顶马，车后一跟马，均着彩衣，往走各道口，巡兵及护兵皆行礼。抵客寓后，少息，复至碧巴大相楼拍照，计三十余人。后余一人独拍数张，五钟回署。晚，至爱宅一谈。亥末就寝。

三月初一日(3 月 25 日) 大雪数阵，随降随溶。早十一钟，大家抠衣为宪太夫人及宪夫人贺寿。午后，收拾物件良久。晚，赴爱宅一谈，赠余发囊一只。

三月初二日(3 月 26 日) 晴。早，办法文护照数纸。午后，上街购物，性步小玩。作灯课良久。就寝略早。

三月初三日(3 月 27 日) 晴，风。早，理洋卷良久。午后，收拾衣箱，大致俱已安位，所余者仅手用各物耳，写算游学生报销时许。晚，同爱黎则久谈。

三月初四日(3 月 28 日) 晴。早，同爱出门乘车返署。午后，收拾衣箱，算报销良久。灯下看书数段，就寝略早。

三月初五日(3 月 29 日) 晴，雨雪数阵，甚大。午后，进城购物，冒大雪返署。晚，爱宅久谈，赠鸡蛋节礼数色。写信一封。亥末就寝。

三月初六日(3 月 30 日) 晴。早，同爱出门，余遂返署。午后帖封条，整零物良久。碧巴相馆送来余之小照二张，一立一坐。式样甚好，拟订印数搭，以便携归赠诸旧好。晚，作致北尔他女郎一信，后至爱黎则家一谈。

三月初七日(3月31日)　晴阴相间。早，接杨小川星使电云：李星使以其太夫人身体欠安，留在义国，小有勾留，故杨使亦无来德准信，惟闻杨眷属拟初九日先来德，其行李九十余件，今午已到矣。晚，宪太夫人来久谈，后赴爱宅一坐，看书良久。

三月初八日(4月1日)　晴暖，日光喜笑，星期。同爱谈东归事久之。午后，看闲书数段，作洋字函数封，附小照四纸。晚，宪眷处一坐，就寝略早。

三月初九日(4月2日)　晴。午后，陪星使夫人出门，拜客四家。看书良久。晚，爱黎则家谈音乐时许，后谈余东归事良久。

三月初十日(4月3日)　晴。早，开单通知留学生入营事。午后，同宪老太太乘车游树林时许。顺到赴大店购物数十件，并订放大相片二张，计价共七十四马。晚，赴爱黎思处久谈。食水果若许，乃睡。接杨星使电，李星使仍无赴奥日期，故杨亦不能订期接印也。

三月十一日(4月4日)　晴。早，入营之江南、湖北学生均来馆商议进营应办诸事。午后，赴银行晤李德仕刻许。顺道游树林，赴照相馆一谈，馆女主及其少女各赠余小照一张。晚，爱宅一谈。赠房东茶叶绣巾。

三月十二日(4月5日)　晴爽。厨役因病手，午餐赴野鸡馆就食。晚，德华银行主招宴，同席约六十余人，专使及其参随二十人，星使及馆员六人。席间正副行主作颂词，专使戴公亦各答，佛尔克君、福兰格君译汉译德。席散后，观连弹唱活动影戏刻许。十　钟半散归。

三月十三日(4月6日)　晴。厨役手渐愈，今日复起伙食。晚，在爱处一谈。

三月十四日(4月7日)　晴，暖。晚，黎夫妇招饮，席散复至爱宅久谈。赠余相片六纸。

三月十五日(4月8日)　星期。晴，暖。午后，赴车站接爱黎则，同乘马车。大树林游人极多，后复步行良久。在林内酒楼晚餐乃返。体甚乏，早就寝。

三月十六日(4月9日)　晴。午刻，宪太夫人招饮，同席十三人。午后，上街购物。晚餐后，复出门。

三月十七日(4月10日)　晴，暖。午后，上街购物，后同爱黎则餐毕，赴马戏园一观。有日本人十余，□练武，及华人二名使鱼雁取鱼，渔翁驾小竹艇泛于水中。散后点心毕，乃返。时已十一钟有半。

三月十八日(4月11日)　晴，暖。午后，上街看照相，购零物数件。晚，赴爱宅一谈，食水果若许。

三月十九日(4月12日)　晴，暖。午后，发长电致外务部，为专使赴丹国游历考察政治事。晚餐罢，回寓。李星使到。

三月廿日(4月13日)　晴。西国冷节。午刻，丁晓树约吃华餐。回署写信数对。六钟，爱黎则来，乘车同往大树林一游。性步游山坡，小息刻许。归途火车人多异常，进城晚餐毕，顺道回寓。终日热气蒸人，颇似五月天气。外间多有着黄鞋、草冠者。

三月廿一日(4月14日)　晴，晚大雨。早，发大件行李，余计发出八件，接奥电知李星使已到彼。晚餐罢，冒雨至爱处一谈，口角久之。李星使接印。

三月廿二日(4月15日)　晴。西洋鸡蛋节。子正起，遂赴姚正甫处食华餐，午后，同爱黎则游大树林，车行约一点余钟，游人塞途，饮茶少许。忽觉余钻石戒圈遗失，乘火车入，进晚餐，十钟后回寓，食水果若许。

三月廿三日(4月16日)　晴。仍系西节，中、晚两餐均在外就食。午后，赴赛花会一观，鲜花满地。晚餐罢，回寓，已十钟矣。

三月廿四日(4月17日)　晴。午后，上街配戒圈钻石。晚，同爱黎则共餐。就寝略早。

三月廿五日(4月18日)　晴。午后，同丁晓树在城内一游，后赴冬天花园观剧。十一钟归寓。

三月廿六日(4月19日)　阴晴各半，凉。午后，宪太夫人处一坐，久未见面也。晚餐前，同爱黎则乘马车游兽园良久。九钟后回寓，阅报，美旧金山地方震死之逾千人，房屋毁坏无数。诚巨灾也。

三月廿七日(4月20日)　晴，晚微雨。午后，进城购物，同爱黎则晚餐毕，遂回寓。

三月廿八日(4月21日)　晴，凉，复生火。午后，爱赠余枕头一个，系亲手所制。昨晚外格尔家邀余晚餐，余因事辞谢，今日送来玻璃盛景图一册，留为记念。外家甚好客也。晚饭毕，到爱宅一谈，食水果若许。

三月廿九日(4月22日)　晴，暗。午刻，回署用膳。午后，作洋字函数封。晚，杜棠如兄约晚餐，后约至阿婆罗观剧，十一钟回寓。

三月三十日(4月23日)　晴。午后三钟，偕爱黎则游樱桃花山，乘轮车轮舟，行各三刻余钟。一路风景甚好，抵山巅小饮，看信片数纸，购花枝若许，携归分赠相识。归途乘火车，晚餐毕，十钟回寓。接电知杨星使明晚可到德。

四月初一日(4月24日)　晴。早，算游学生报销良久。拟明日交卸也。晚十钟廿二分，杨星使抵柏林车站，便衣往迎，遂赴客栈一晤，乃回寓。

四月初二日(4月25日)　晴，暖。交卸馆务，为杨使叩禧，后闻梓材薪金照旧，加以参赞衔。午后，收拾物件，拟明日迁进客寓，暂居也。晚，同荣宝臣、富泽生小饮于油画馆酒楼上。十钟后回寓。

四月初三日(4月26日)　晴。午刻，迁进柏尔鱼客栈，星使偕眷属居头层，余与养田同室在三层楼第四十五号房间。午后，写账良久。晚餐罢，回寓。

四月初四日(4月27日)　晴。早，上街购物。午后，前总领事克油贝君夫妇来拜星使夫人，余亦同晤良久。晚，算报销至十一钟半，始睡。

四月初五日(4月28日)　晴。终日在家算报销，作致博尔塔一函，并赠以小照一纸、绣巾一方。午后，出门购德皇及太子首相等照相数纸，各纸价二马。晚，爱宅一谈。就寝略早。

四月初六日（4月29日） 晴。终日在栈算报销。晚，同爱黎则在油画馆院中闲步，游人不多，十钟回寓，灯课刻许乃睡。接汉城柏女郎一信，甚长，情意颇重，惜留德为日无多，不能再聚，以小照、绣巾各一相赠，聊作记念耳。

四月初七日（4月30日） 晴，早微雨。午后，同爱黎则游油画馆，看油画时许。后在兽园小步良久。晚，福兰格君家招饮，同席有新旧两星使及新放天津德领事克尼平君。十一钟后回栈，译电报、核对报销时许。一钟后就寝。

日记　卷拾肆

在天津记　首段在路记程

光绪丙午（光绪三十二年）四月初八日起至七月初八日止

（1906年5月1日—1906年8月27日）

光绪三十二年四月初八日，西历千九百零六年五月初一日（1906年5月1日）　晴。午后，赴钟表店及德华一坐。晚，爱家晤亚利则时许。

四月初九日（5月2日）　晴。早，同爱黎则游兽园，观金鱼池，树阴小坐，午后赴新湖荡舟刻许。四钟后赴亚利则家茶会，爱亦同来。后至柏姑娘家晤其母片刻。晚，赴爱宅一谈。作洋字函数件。

四月初十日（5月3日）　晴。午刻，同养田、宝臣乘马车出门辞行。晚，晤星使良久。晚，赴爱黎则家，看书良久。膝盖作痛，就寝略晚。

四月十一日（5月4日）　晴。终日收拾行李，赴银行料各存款。晚，同爱黎则乘车游兽园，绿树阴浓，清风半月，颇动客怀。后至油画院一游，十一钟回寓。同爱久谈，因约爱同行，故不觉暂别之苦，然爱啼哭不止，余亦不禁下泪耳，女子情深，东西一也。

四月十二日（5月5日）　晴，礼拜六日。午刻，随星使等出栈房赴车站，三钟一刻展轮，送行者中，相识甚多，余与爱同乘一车，余均坐前段。午后，各友及星使来晤爱良久。车间小饮，畅谈颇不寂寞。

十二钟后，荷衣小卧。

四月十三日（5月6日）　晴，微雨，星期。早，抵巴则尔及梅兰地方换车，经山洞数架，一路风景甚佳。晚七钟，抵折奴阿城，仍居前次所寓 Continetal 客栈，余与爱居二层楼，余均在三层、四层。洗涤毕，同晚膳，遂即就寝。

四月十四日（5月7日）　晴。午刻，同爱乘马车出门一游，先赴大坟茔 Camposanto（坟茔名），Distagleno（地方名）。再至公家花园，茔内多大理石像，鲜花满地，房屋高达，诚巨观也。回寓晚餐毕，同爱门首小步乃返。养田等约爱观剧，星使后亦来。

四月十五日（5月8日）　晴。午前，同爱雇车赴某大花园，名 Pegli，车行一钟始到。园内奇花异草不一而足，登山、穿树、泛舟、经洞，如入仙境，因爱体乏，不能远行，约历二小时乃购信片图册出园，顺道至码头，登德公司齐胜轮船看舱位，五钟返寓小憩。上街购大种玫瑰花四朵，后同星使及爱黎则街途闲步，至义园茶园一坐。晤女郎勒嘉棣刻许，十二钟返寓。小宴时许，星使亦在座。深夜始别去，余亦就寝。

四月十六日（5月9日）　晴。晨，点心毕，八钟半伴爱黎则登火车，椅车立谈刻许乃展轮别去。离别之苦，今始知之。十钟后抵轮舟，与养、宝、泽三兄同舱。二钟开行，出口一路风平浪静。

四月十七日（5月10日）　晴。午后二钟抵拿波利海口，义属也。搭小轮登岸，雇马车携引路游。在宫及水族院。宫内甚华丽，与德国宫殿又有不同之处，水族园大致与柏林同，惟略小。有二鱼甚奇，一名 Polpo（如佛手形），一名 Coppello di Mare（如伞形，内容海摺形，又名海帽子），后登坡观海口，形势街道平常，不甚洁净。人民亦不甚文明。六钟仍回轮晚餐。购假珊瑚及本地图册数份。夜一钟展轮，余已就寝。闻人云，火山未出火，故夜不能见，白昼有白烟气耳。日前，山顶崩烈，故较前略平。

四月十八日（5月11日）　晴雨各半，微风。舟稳如屋，午后，梅西拿海腰微有风浪，过此，仍平静。晚八钟，二等舱设有音乐小会。男女分次弹唱，荣宝臣兄作小曲、西皮各一段，和此者甚多，散后同星使小饮良久。

四月十九日(5月12日)　晴阴各半。行地中海甚平稳，写日记数段，洗澡毕，听乐良久。

四月二十日(5月13日)　星期。晴，晚雨。舟行地中海，风浪亦平，就寝略早。

四月二十一日(5月14日)　晴，微热，微风。早六钟起，七钟半抵波赛，与同人驾小艇登岸一游，购唉及纸烟 Simon Arzt 六百枝，价十二马克，又购春画相片数纸。此间女甚多，遮面仅露鼻梁一段，上驾炮式小物一枚。十二钟返，就午餐，二钟半后复展轮，微风少顷即止，乃入苏彝斯河。该河计长百六十启苏密达，宽约六十至百密达不等，深八密达余，约历十八小时可渡过。十钟后睡。

四月二十二日(5月15日)　晴，热。午前十钟半抵苏彝斯城，停二小时乃展轮，向红海速发。午后，寒暑表升至二十二度零。晚八钟洗澡，按二等舱位，每早七点前有茶点，八钟入饭早餐。十钟有茶点，十二钟用午餐，三点半茶点，六钟用晚餐。再九点饮茶或汽水。头等舱位较此时略退向下。每日每晚有音乐，皆茶房充乐工。箱舱每日午前午后开两次，听人取物。有司舱者在彼，照料一切。今人客人多衣白，首戴圆白冠。

四月二十三日(5月16日)　晴，热。舟行红海，阅《巴黎茶花女》数段。晚，船面男女跳舞。晚睡甚热。

四月二十四日(5月17日)　晴，热，寒暑表升至二十五度。体欠爽，不思饮食。午后，舟右见有灯塔。夜睡甚不安，屡睡屡醒，遍体皆汗。

四月二十五日(5月18日)　晴，寒暑表二十六度。终日屡见舟左小岛十数座，有灯塔者三四，后舟右览岛隅，舟后随飞海鸟数十，大如鹰，谅即鹗鸟也。午后，见水中有大鱼数十只，随舟旁前行，西名海猪又名灰鱼，大约一密达，略似猪形，有时亦飞跃高出水面，间有小鱼，长数寸或尺许者，分群飞出水面。终日炎热，午后微风，船面尚清爽，舱内实难容人也。明早可抵亚丁，故邮政取至本晚九钟为止。睡后过热，遂起，在船面就藤床围毡毯而卧，睡后甚安。

四月二十六日(5 月 19 日) 晴。热，微风。表指二十五度有零，出红海后，约减一度半。早起点心毕，见舟左石山遥立，水变绿色，八钟半抵亚丁。黑人驾小舟携鸵鸟毛、烟卷、羊角、鱼骨、山琥、毛扇等物来售。舟子皆不敢浮水，因水中多沙鱼，今曾见四五尾，大者长五六尺，头宽约尺半，小者一尺、三尺不等，时亦跃出水面抢食。水鸟亦甚夥。岸边有英人所设炮台、兵房，亚丁城距此略远，故未登岸，各西人亦然。午后一钟启碇，折入印度洋。亚丁地苦，前时海道最险，今设灯楼灯塔，船可化险为夷矣。看《茶花女》数段，颇可消遣。今日觉体气甚爽，饮食如常。午后，见海面远处有小鱼成群，跃出水面，如银鱼，然闻人云飞鱼也。西人皆云经地中海后入红海最热，入印度洋后反觉凉爽，吾始不之信也，今果然。盖红海面窄，两面皆沙漠，东西之风皆带热气，故不能凉，既入印度洋，离岸既远，四来皆海风，海风多凉，人所知也。虽距赤道较近，不似红海之热也。由亚丁至克伦坡，约需六日程途可达，多偏向东，微偏南，日约短半钟，在红海及四月二十地中海时，日约差一刻钟。

四月二十七日(5 月 20 日) 晴，二十四度。舟行渐入印度洋，微浪，舟荡。舟中搭客有三五人卧病。余洗澡毕，亦头晕，十钟前乃就寝。少顷，即熟睡。

四月二十八日(5 月 21 日) 晴，热同昨。今日余将藤移置下层平仓躺卧，不甚觉舟荡。看《茶花女》数段。与德人谈和属地亚哇情形良久。此人好华磁，家藏甚多。午后，见小鱼，大数寸，飞出水面远数丈，始再入水。看《茶花女》至十钟后就寝。

四月二十九日(5 月 22 日) 晴，热。舟行印度洋，微波，舟荡。终日看书。同舟中水师武官谈良久。每洗澡毕，大汗如雨，令人难耐。灯下写致爱黎则信数页。

闰四月大初一日(5月23日)　晴，二十四度零。舟在印度洋，无波浪。午热，晚凉。看书良久，写信片数张。余左眼下皮微肿，火气过大也。晚，听乐刻余。

闰四月初二日(5月24日)　晴，热如昨。五钟半起，眼肿未退，下眼皮内起二小瘤，微痒，微痛。请船医医之，至晚仍不见轻减。作信一函，写信片数张。与英国女郎谈良久。

闰四月初三日(5月25日)　晴，微风。发信及信片数纸。午后四钟，舟抵锡兰岛，入克伦伯堤内停轮。遂同养田、宝臣、泽生等，乘小划登岸，雇马车游花园、博物院。院今日闭门，未能入。乃赴拉为尼亚山一游，登山观海，小饮刻许，仍乘原车进城，一路奇花异草，多不能名。土人紫色仅衣下体，房屋微小，火车、电汽、马车、人力车皆有往来，甚便。晚，在部利司他尔饭店就餐。房屋鲜名，伺者皆赤足紫面，菜有六七道，味甚佳，内有咸肉丁及蜜姜，尤合口。餐毕，购各色石头戒指数枚。街途小步，入某馆小饮，后至本地森格里族之妓院一观。鸨率鹍鸡七八来陪，大家共饮，饮毕，赤身舞唱刻许。每妓有小房一间，内设一榻及蚊帐，又桌一，及梳装器俱。赤足，不露胸，皮紫，牙白，身体皮肤不及白种、黄种之绵软。一钟回船。热甚，遂在船面就寝。

闰四月初四日(5月26日)　晴，微雨，微风。舟荡。八钟，展轮出口，浪头上船数次。晚，余洗澡毕，头晕目花，呕吐一次，乃复安，就寝略早。

闰四月初五日(5月27日)　星期。风大舟荡，上舱面多次。午后，小卧时许。舟中搭客病浪者颇有数人，妇女居多耳。夜睡尚安。眼疾略愈。

闰四月初六日(5月28日)　晴。早微雨，微浪，舟荡如昨。微风，故不觉苦热，寒暑表降至二十四度。看书数段，与舟中执事人谈甚久。知执事人之房间船厂订有章程，并非听其索费也，各人薪金均甚微薄，全仗公司帖给花红耳。闻船主月薪不过四百五十马克，其余有百余马克者。晚，洗澡毕，写信良久，一致爱黎则，一致柏耳塔。

闰四月初七日（5月29日）　晴，热。写信片，看《茶花女》良久。夜十二钟后，舟抵槟榔屿。遥见灯光万盏，远山数座。一钟，下碇毕，同养田、宝臣、泽生驾小舟登陆，每人需英新洋二，因深夜也，否则半之。乘马车至小饭店吃炒面两碗。

初八（5月30日）　晴。饮茶数次，性步游中华街市，房多二层，道路尚宽，见有日本妓馆数十家开门，内坐或倚门外坐。后至一庙，遂在阶石上小憩，以待天明。五钟半，雇东洋车游览，外国街道中间有华商住宅，门悬匾对，颇有江南大宅气派。街旁多大树，最宜避阴，有摺扇形，芭蕉树甚奇异。六钟后回船，因订八钟展轮也。就寝四小时乃起，用午膳。晚餐时，席间饰以各国旗帜，饭后九钟设跳舞会。自昨日起，船头桅上悬中国黄龙旗一面，系向来出使大臣应得之荣也。

闰四月初九日（5月31日）　晴，寒暑表二十四度。午后一钟，舟泊新嘉坡实嘉码头，余等四人雇马车进城，赴杏花楼午餐，酒菜点心均颇适口，寔属家乡风味。餐毕，游大花园，内多奇花异草，山水皆备，在园小憩良久。复乘马车寻游各处街道，至勒复尔客店小饮，坐谈时许。星使携眷来此度宿，轮舟舱内过热也。晚，在宴璟楼便饭，亦颇适口。饭后，有粤人名何远者，导余等往东洋娼处一观，周围约百余家，每家门首各坐三五雏妓。登楼一观即去，需洋一元。复至广东娼某家一坐。略似北方中等地方，备洋烟、水果、面汤，大家聚谈至二钟半，乃返码头登舟，此间华商甚多，生意较槟榔屿犹大，惟华商住宅不及屿岛之华美耳。有电车一道，由城北直达大船码头，东洋车亦容二人马车，每点钟七十五分。

闰四月初十日（6月1日）　晴。早八钟展轮，渐折而东，再而北行，直驶香港也。微风，微凉。

闰四月十一日（6月2日）　晴。看书良久，作致爱黎则一信，同星使立谈刻[许]。

闰四月十二日(6月3日)　晴。丰格司登节。午后甚热，看书良久。晚，同星使一谈。

闰四月十三日(6月4日)　晴热。作洋字函数封，看《茶花女》数页。本船邮政收至晚十钟为止，因明午十钟可抵香港也。

闰四月十四日(6月5日)　晴，午刻大雨数阵。早起已见舟左右多小岛，十钟抵香港，泊九龙码头。与养田等四人，仍着短衫渡江，赴香港叙馨楼午餐，酒菜甚好。后大雨停止，乃乘铁丝火车登山顶，Victoria Peak（往返每人半元），复换坐椅轿绕山顶一周，每乘四角，惜烟雾过浓，不能远眺。购信片数纸，乃仍乘原车下山，遂赴公家花园一游，异样树草，多不能名，园中有石像，英国前驻香港总督。出园后赴苏杭街购夏布不得，又游洋街购象牙雕刻，七层圆球，计洋五元半。晚，仍在叙馨楼小酌，十一钟赴石塘嘴一游，计大嫽五六，如德香、新赛花、冠红楼、锦红楼、锦香楼，有中嫽数十家。后赴锦红楼一坐，粤妓七八来陪，歌唱八曲，夜宴至三钟始出。情形不熟，言语不通，能作此夜游，乃费唇舌笔墨可想而知矣。此系高等仅可摆酒弹唱，不能住宿，约似沪江，而新嘉坡则不然矣。四钟前返舟，少息乃睡，微风颇凉。

闰四月十五日(6月6日)　晴，略凉。舟早七钟半开，阅香港日报知，西班牙王于迎亲日与后同车时，遇炸弹，王及后未受伤，马毙一匹，死十二人，伤数十人。

闰四月十六日(6月7日)　晴，南风颇凉。寒暑二十二度，作致爱黎则一信，书信片数纸。午前，舟左有小岛一座。上有灯塔，周围山顶有白墙，略近汕头或厦门口岸，就寝略早。

闰四月十七日(6月8日)　晴，凉。寒暑表指十八九度。早起见宁波口外群岛，轮舟由岛中旋转行之，鱼舟约似千万计，远眺如竹林，水变黄色。午后三钟，抵吴淞口外下碇。星使预雇小轮一只，乃于医生验病毕，料理行李，过小轮。五钟展轮入口，途中颇觉凉爽，同行者除星使及馆员等，尚有任昭扆、罗伯苏二人。八钟抵美最时轮船码头，同星使赴船局，打得律会，订洋客店，复照料行李赴栈。余同养田等四人寓长春栈，星使偕眷及仆从住 Arten Bowo。晚餐毕，同富泽生上街一游，小饮片刻乃归。

闰四月十八日(6月9日)　晴。上街购衣服及零物。午后，赴洋客店，谒星使刻许。返后，李观察叔伦来拜。晚，洗澡毕，听书词良久。忆离沪江四载有半，街道情形无多□□，惟男子头顶添草冠，女将耳前添使发下垂，一唱百和，将来想可移此风于京津也。李观察叔伦来拜。

闰四月十九日(6月10日)　晴。星期。午前，赴江南制造总厂谒李观察，又至罗伯苏、任照扆家一坐。后游张园，观放气球，计二驾。一人乘伞落地，他随球落地。后在大厅饮茶刻，遇斐浩廷老师谈片刻。晚，李观察邀吃花酒。同座尚有魏观察蕃实(允恭印)，周太守及余等四人也。魏观察又复转席一台，散后至二馆一谈。三钟归，乃睡。

闰四月廿日(6月11日)　晴。早，同养田拜斐师浩廷，购物数件。午后，晤星使，陪勒女郎游各花园及洋街时许。晚，同李云卿赴丹桂观剧，后茶谈刻许，乃归。

闰四月廿一日(6月12日)　晴。午刻，往谒制造总办魏观察不遇，晤李观察叔伦刻许。后顺道购物数件，赴银行及德公司船行，探听赴津船只行期。晚，同养田观剧于春仙，后赴新太和馆订请客座位，便饭毕乃返。

闰四月廿二日(6月13日)　阴雨。午刻，赴船行，知星使已代购订大臣轮船舱位，准廿五日由申开行，经青岛、烟台赴大沽，又至如意里，天顺祥晤陈观察润夫刻许。往拜傅玉田不晤，冒雨返栈。后，傅来一谈。晚，同养田等四人，在新太和楼邀星使及制造总局总会办魏、李二观察，同席共七人，因周太守仲蕃因事未到也。系订十元席，菜色尚可也。食间叫唱数次，散后至秦义玉家、金翠玉家各一坐。一钟返寓。

闰四月廿三日(6月14日)　阴雨。译发袁宫保一电,荣宝臣相知金翠玉来一坐。后,天顺祥陈观察处送到花翎部照一纸,捐银库平足银二百四十两,合银元二百六十三两四分。晚,罗伯苏邀赴雅叙园便酌,后往大马路某妓楼一坐。一钟返寓。

闰四月廿四日(6月15日)　阴雨。午后,赴礼查饭店晤星使良久。交到代订德公司大臣轮船头等舱位票一纸,计四人,合银二百十六两正。系由上海至塘沽。回栈后魏、李二观察同往星使处一谈。晚,邀星使及余等四人至秦美云家吃酒,散后来巧林家久坐。一钟返署。

闰四月廿五日(6月16日)　晴。早起收拾行李毕,赴礼查饭店晤星使刻许。十一钟,随带行李赴小轮码头,登小轮,上大轮,大臣轮船计二千零九吨,系西历上年始开行。头等舱可容三十余人,二等二十余人。头等舱位五十四元,二等三十元,每房容二人,器俱一切颇甚精细,饭厅、烟房亦极洁净。大餐间二间,各二榻,为一人包订,需付二人票资;二人用,需付三人票资。寻常头等舱位,如一人用,需付加付半票。抵大轮后一钟,展轮出口,微风,舟微荡,晚餐后舟荡甚。舟中女子皆不出,男子亦有晕者,余亦觉头晕,就寝略早,睡后甚安。

闰四月廿六日(6月17日)　星期,晴,大雾,午后犹甚。早遇本公司海沽轮赴申也。从午刻起,每一分钟放气一次,恐前面有来舟,雾中难见也。舟仍荡,晚稍减,舟中饭菜甚佳,伺候亦周到,舱内洁净异常,电灯、风扇、衣柜、面盆等物,无一不备,较大船犹精微也。二等舱并款备华餐,听人取食。晚,同船主汉萨及大铁柜一谈。十二钟后则又放汽鸣钟代之。

闰四月廿七日(6月18日)　晴。早七钟抵青岛,舟泊胶州湾内,后同养田等乘马车进城,街道整齐,房屋多一二层楼房,较香港、新嘉坡不亚也。乘车船远眺,大海即在目前。在海滩客栈廊下小饮刻许。栈主导观店房数间,购信片,食华餐饮绿茶,诸事毕,四点后回船。杨佑之来拜，适香帅妾同来此，查察制糖事也。晚，同德人盎斯一谈，此人善绝。看书刻许，亥末就寝。

闰四月廿八日(6月19日) 晴。午刻，微雾，少顷即退。午后三点抵烟台(又名芝茱)，停口内，距岸约十分钟。湾内泊商船甚多，以日本船为大。偕宪太夫人登岸，乘人力车游中国街市，生意兴旺，道路平常，有首□楼数家及瑞芙绸缎庄，房屋甚好，洋人房舍多临海依山，各领事亦在山巅建屋，最得形势。德领事联紫来船谒星使，星使旧相识也。晚七钟，展轮出口。饭罢，宪夫人邀饮于船楫烟间内。看书时许。

闰四月廿九日(6月20日) 晴。午刻一钟，抵大沽口外滩，招商局以派利津小轮来迎，二钟半进口，大沽炮台下基仍存也。七钟后抵紫竹林码头，官场皆来迎迓，彦士亦来，料理行李上车。九钟抵舍，家母以次均好，房屋窄小耳。

闰四月三十日(6月21日) 晴热，寒暑表二十五度。午后，赴院署西后路粮台，星使住彼也。晚，同张养田请富泽生、荣宝臣便酌于同春楼，后赴天仙观剧。一钟前回家。

五月初一日(6月22日) 晴热如昨。午后，往星使公馆一坐。晚，卫燕平、陆绣山邀饮于同春楼，黄礼南亦在座。后茶谈数处，乃赴绘芳茶园观剧，亥末回舍。

五月初二日(6月23日) 晴。午后，赴星使处一坐，后往拜燕平、礼南。晚，在星使处便饭，饭毕偕礼南赴天仙下茶谈久之。晤星使时知袁宫保有用养田及余之意。

五月初三日(6月24日) 晴，晚大雨。早，常广三来一谈，上街购物。晚，燕平、礼南邀便酌，茶谈时许，冯梅臣兄亦来。十二钟后回署舍。

五月初四日(6月25日) 阴雨。午后，赴驳船公司，晤姚氏弟兄，拜访柏姑娘不果，乃赴星使处一坐。晚餐毕，回舍接爱由第四号至第十号信及梓材寄来柏林洋报十天。

五月初五日(6月26日)　端阳节,晴。早,出门拜客两家。午后,仍拜客,后至星使处拜节,顺便诣李文忠公祠一游。规模甚大,楼台亭阁,桥梁树木,匾额对联,阅不甚阅。晚餐罢,回舍。

五月初六日(6月27日)　晴。早,同养田谒段总参议相岩,不会。晤陆绣山、张士元,又译员程书畲等。星使处小坐,至卫燕平处午餐,餐毕常广三来舍一谈,又晤张养田刻许。晚,同彦士登鼓楼远眺周围,电汽绕城,车似火龙,颇壮瞻观。阅柏林报良久。

五月初七日(6月28日)　阴雨数次。早七钟,同冯梅臣、张养田衣冠赴院署谒袁宫保。九钟后当蒙接见,各垂询数十语,问余学业何门,愿就何席,或文或武,余答以前在学堂习武,兼习语言,赴德使署后,未请求武备,不过留心公法、财政、交涉大端耳,刻许乃退。赴工程局午餐。晚,陈凤举邀往义升园吃酒,同席共七人,席散赴某班听唱时许。子正后归。

五月初八日(6月29日)　晴。午后,工程局及星使处一谈。晚,同养田便饭毕,乃回舍。

五月初九日(6月30日)　晴,热。午后,星使乘火车晋京,大家衣冠相送,后拜张松山、何春江二协统。晚,看洋报数段。

五月初十日(7月1日)　晴,热,表升至二十四五度。午后,张、何二统制邀往天仙观剧。星期,人多异常,热气蒸人,殊难久坐。晚,在德义楼番菜馆大餐。同席共十二人,均昔日同学也。散后至中华翠卿□校□处等各一坐。十一钟后回舍,家君亦自太原来津。谈时许,乃睡。

五月十一日(7月2日)　晴,晚大雨。星使处一坐。李振林兄邀德义楼晚餐。同席约十五六人,散后同赵康侯等乘车赴城北茶谈刻许。

五月十二日(7月3日)　晴,夜大雨。午后,衣冠谒张方伯筱传,茶谈片刻。钦宪处一坐。晚十钟冒雨返舍。

五月十三日(7月4日)　晴,热。午刻,偕内人乘马车赴荫太夫人处一坐。又至卫燕平家一谈,又赴督练处晤陆绣山兄片刻。晚,在荫府便酌。晚洗澡毕,十二钟后就寝。

五月十四日(7月5日) 晴。早,汤仲言来为家君看脉。午后,赴德华银行晤总办 Rehmph 君刻许,后至燕平处一谈,星使公馆一坐。晚,回舍写信片数纸。

五月十五日(7月6日) 晴,热。早,仲翁来一坐。午后,奉到袁宫保札,委派充洋务局德文翻译,月薪百六十金。惟德文翻译一席任轻责重,在四思维惧不胜任,正在进退惟谷之际,幸有卫太守燕平出为排解,暂勿辞札,俟伊商之段观察香岩再作计较,余乃允之。晚,在燕平处便饭,后至荫太夫人处一探,乃返。夤夜上星使一函,述宫保爱才若渴之意,及派差名目、薪水各事。子正就寝。

五月十六日(7月7日) 晴,热。午后,往谒孙慕朝京卿,谈甚久。晚,燕平、礼南处各一坐。灯下书衔帖片子良久。

五月十七日(7月8日) 晴,热,晚大雨。早七钟,往督院谢委,又到洋务局关道署督练处拜客,日今星期,故多不晤面。午后,荫公馆一坐。晚,养田来一谈。因伊相识女郎产孩事,夜半冒雨归。

五月十八日(7月9日) 晴。早,往洋务局谒见蔡观察述堂及提调等。午刻,荫星使回津往一晤,因皇太后欠安,未能觐见。在彼午餐罢,赴局及燕平处各一坐。灯下作致爱黎则一信,嘱其暂缓来华事。

五月十九日(7月10日) 晴。早九钟,抵局,赠程书畲物四件。在局看报晤同事数人。星使处午餐,燕平处一坐。在方伯张公处笔谈刻许,赠给小号带闹方表一只,代其二世兄询炮位价目。晤禅臣屠晓耘良久。

五月廿日(7月11日) 晴,热,廿五度。早,乘轿出门拜客。午后,亦到局一坐。星使处晤荣宝臣片刻。晚,燕平兄处一谈,赠给余相片等六物。禅臣洋行屠君送到德国爱哈尔厂新式管退快炮图说及价目单。

五月廿一日(7月12日)　晴。晚,黄礼南招饮于义升园翠前处,同席共十人,散后赴双喜前家等处各一坐。二钟回署。午后,赴西票号及庆善各一坐。

五月廿二日(7月13日)　晴,热,干燥。早,赴局,后至星使处一谈。晚,常广三兄邀往德义楼便酌。同席四人,食罢,赴天仙观剧。十二钟半始归。

五月廿三日(7月14日)　晴。阅宫保札文,饬填写洋务局人员册,外务部调查也。计分十格,如姓名、籍贯、年岁、出身、官阶、何学堂卒业、习何科、通何国文字、游历何国、曾否随使出洋、派充何差、现在到差年月、是何职业、薪水几何等语。午后,赴庆善银号一坐,晤燕平、礼南等,乃返。晚,接爱黎则十一信片。作灯课时许。

五月廿四日(7月15日)　晴,星期。未进局。早,吴竹泉来访未晤。午后,往庆善晤广三兄良久,并赠给图书、小照等五物。

五月廿五日(7月16日)　晴,微雨。晚,同燕平等出门茶谈良久。

五月廿六日(7月17日)　晴阴各半。早,晤局宪蔡述堂观察刻许,谈荫公觐见事。午后,星使乘车入都,余往一晤,后往陆绣山兄处一坐,伊明日有河南之行也。在燕平处晚餐毕,同往蒋宅茶谈时许。灯下作致陆绣山一信,赠物二色,镯、画各一。

五月廿七日(7月18日)　阴雨,午后晴。作致爱黎则一信,又四片。

五月廿八日(7月19日)　晴。晚,大德恒王建功招饮于德义楼,同席共八人,散后同燕平茶谈时,又晤胡观生兄刻,自山右来津也。

五月廿九日(7月20日)　晴。早九钟,出门往谒德国驻津领事克凝平君,柏林旧相识也。其副领事及译员亦得一谈。后至陆葛琪(格奇)处晤勒嘉棣女郎,遂在伊处午餐毕乃返。午后,同常广三兄购蟒袍料等件。灯下看书良久。

六月初一日(7月21日) 晴，午后大雨。早，同程书畬兄谈外洋事良久。午后，诣庆善一坐。作致柏安纳女郎一信。

六月初二日(7月22日) 晴，热。刘文泉随专使回津。午后，赴同事甘再芗家贺迁乔之喜，并赠礼四色。晚，同宴于聚丰园，席散茶谈久之。

六月初三日(7月23日) 晴。午后，陪荫太夫人赴河北看房屋，又至紫竹林各租界一游。晚，崔寅来照饮，散后上下茶谈多时，二钟回就寝。

六月初四日(7月24日) 阴雨，晚尤甚。午后，往勒女郎处一谈，送去书报，交伊阅看。归途遇风雨。腹痛久之，夜始痊愈。

六月初五日(7月25日) 晴，微凉。午刻，晤周晋桓兄刻许。午后，出门请客，本礼拜六同养田公请也。灯下作致勒嘉棣女郎一信。食鲜藕数段。

六月初六日(7月26日) 晴，热。早，同程书畬谈甚久。午后，晤周晋桓刻许。作致爱黎则一信。

六月初七日(7月27日) 晴。午后，往拜谭子明、杨云栋，皆不晤。晤陈风举刻许。晚，在院中纳凉。作灯课半时。

六月初八日(7月28日) 晴，热。早，接贝安纳女郎一信。午后，往晤周晋桓刻许。晚，同养田公宴崔寅来兄等于庆乐园，同席计十四人，散后茶谈良久乃归。

六月初九日(7月29日) 晴。午后，赴关道署晤贝姑娘刻许。晚，督练处、教练处总办田润山招饮于德义楼，同席有程书畬太守等六人。散后同文泉茶谈二处。十二钟回舍。

六月初十日(7月30日) 晴，欲雨。未能出门看房。在广三处一坐。午刻，赴德领事署与副领事 Daumiller 及译员 Betheke 刻许。定明日午后二钟宫保前去答拜新任领事 Knipping 君，克君赴北戴河，今日午后始能返津。回至洋务局晤程书畬兄片刻，书畬今早奉到行知过班道员，遂往贺。少年英俊，人多羡之。晚餐毕，院中纳凉。

六月十一日(7月31日)　晴,热。午刻,同程书畬衣冠乘马车诣德领事署,因宫保今日二钟前去答拜德领事也。少顷,宫保未携随从,一人下车,余与书畬下阶迎接导入厅事,寒暄时,系书兄传译,适有德联邦尔外司亲王亨理者在座,亦谈数语。王系与余同乘德公司轮舟来华者,烟酒数过,乃起辞出。余等送宫保上车,仍回内小坐。后至德华银行主柯德司家一坐。顺道购物数件,乃返局。在书畬房点心毕,遂回舍。作灯课良久。

六月十二日(8月1日)　晴,热。早,项致中君来谈德文良久。午后,出门拜客、购物。晚,刘文泉招饮于德义楼,散后上下茶谈,观叉麻雀者良久。二钟始得就寝。

六月十三日(8月2日)　晴。午刻,在荫老太太处食面,后至燕平处一谈。晚间回舍,接爱黎则信至五十二号。汤仲云兄来一坐。已考取京城巡警局差。

六月十四日(8月3日)　晴,晚凉。午前,为程书畬兄布置新房屋内陈设。午后,程月舫、周晋桓处各一坐。晚,赴德领事署内贝君之宴,饭罢在楼台上小坐,饮皮酒一升。十一钟返,访燕平不晤,遂回舍。

六月十五日(8月4日)　晴。午后,雨甚大。晚,杨、商二兄邀食番菜,同席九人。散,上下茶谈,至三钟始返舍。

六月十六日(8月5日)　晴,星期。午后,往访燕平,在彼晚餐,后至翠升久坐。十钟后返。

六月十七日(8月6日)　晴,微雨,凉爽。早,在程书畬兄处一谈。午刻,在宪荫处食面,后同礼南看房屋数处。今晨端、戴专使抵津,宫保率通城文武赴河干迎接。晚,同养田陪荫老太太观剧于大观园,十一钟半散归。

六月十八日(8月7日)　晴,凉。早晚可衣夹衫。午后,出门购物数件。晚,院中纳凉时许。

六月十九日(8月8日)　晴。荫眷自京旋津,早往一晤。午后,晤李希明兄。晚，王习农兄招饮于太和春，同席有何怀德、吴彬甫、金光植诸君。九钟，黄礼甫又招饮于翠升，同座十余人。散后茶谈多处，二钟返舍。

六月二十日(8月9日) 晴，微雨。午后，上街购物。晚，作灯课良久。家人均出门观剧也。

六月廿一日(8月10日) 阴雨。早，晤李嘉乐兄刻许。遇赵春明，立谈片刻。晚，燕平处久坐，在彼晚餐。

六月廿二日(8月11日) 阴雨。早，晤程书畲，商议万寿请外客事。午后，德领事署译员马克林君来拜，谈杂事甚久。后赴关道署，晤贝小姐，后同广三兄赴太和春晚餐。后至玉莲处一坐乃返。

六月廿三日(8月12日) 阴雨。早，同贝教习乘马车出门拜师范女学堂提调吴蔼翁，谈议开学及订功课事，后至庆善一坐，午后，晤荫宪良久，拟乘三次车返京，后晤沈慕韩兄，晚餐毕，茶谈久之，十一钟后返。

六月廿四日(8月13日) 阴雨。早，拜奥国领事官柏尔奥君，并询悉奥皇系西八月十八号万寿，领事是日早十点至十二钟接见宾客受贺。晚，何怀德兄招饮于山泉楼，同席约十人，散后茶谈久之，二钟始返。

六月廿五日(8月14日) 阴雨，半晴。闻宫保略有欠爽。今日演剧祝嘏均照常设办，大胡同及二道铁桥悬灯结彩，龙旗高挂，颇带万寿气象矣。午后，未出门，在家看书良久。灯下亦如之。

六月廿六日(8月15日) 晴。早，抠衣偕洋务局同人诣督院，均着蟒袍补服，宫保因病未愈，早晚礼节均由臬宪、关道及局宪蔡观察等接见，西人到者约百余人。余仅陪德奥两国人。接见时刻，系由十钟至十二钟，西人去后。余等仍在署观剧、用膳。晚九钟，仍偕同人诣署，仅着蟒袍免褂，西人约数百人，如领事署人员、军队武员及住津洋商等，设酒菜于厅事，听人自取，东院设军乐，西院设练武架。十二钟后，西人散尽，余等就座观剧。一钟回局更衣，遂返舍。

六月廿七日(8月16日)　晴,晚大雨。雷电交加。早,往拜崔子良观察,由粤来津也。晚,晤养田兄良久。

六月廿八日(8月17日)　晴,晚雨。明日即西人八月十八日号,为奥皇万寿之期。呈条数纸,如宫保、关道、天津镇总参议等处。晚,同养田公请崔子良兄于义升园。陪客中有督练处三处总办等,散后茶谈久之,

六月廿九日(8月18日)　晴。早十钟,乘轿诣奥领事署,庆贺奥皇寿。少顷关道、天津镇总参议相继而来,宫保因病未到。酒点少许,乃退。顺道拜客两家。午后,晤局宪蔡观察刻许。为各国领事及提督亲来贺万寿者,须派各股译员持宫保名片前去谢步。晚,张宝斋、陆绣山、田蕴山等邀晚餐于山西班内,一钟前回舍。

六月三十日(8月19日)　阴晴各半,星期。终日未出门,在家看信札久之。写信片数纸。

七月初一日(8月20日)　晴,微雨,复晴。早,往谒德奥领事,及德统领佛布雷,又晤古罗守戎及二奥武员。午后,译佛统领上宫保函,请中国政府收留空出营房事。晚,燕平招饮于华卿室,茶谈数处乃归。

七月初二日(8月21日)　晴,微雨。早,顺道晤养田刻许。午后,赴工程科一坐。晚,作致张云山一信。

七月初三日(8月22日)　晴。早,晤程书畬刻许。午后,陈凤举处一坐。晚,晤葆斋、凤举、燕平良久。一钟后返舍。

七月初四日(8月23日)　晴。早,赴燕平寓所一谈。午后,往拜张舒阁未晤面。

七月初五日(8月24日)　晴。午后,偕同人往程书畬观察家贺迁乔喜,其夫人亦出见。晚,在彼就餐,共坐二桌。后同燕平茶谈久之。

七月初六日(8月25日)　阴雨。午后,荫宪夫人处搓麻雀时许。晚,同燕平等邀礼南兄饮于德义楼,礼南寿辰也。茶谈久之,

乃返。

七月初七日(8月26日) 晴。早,吴竹泉来一谈。午后,赴黄礼南家一坐。晚,甘再芗兄招饮,散后复赴礼南之招,茶谈至夜。三更始返。

七月初八日(8月27日) 晴。早,德员古罗君来一坐。午后,小卧时许。陶二舅来家,陪谈刻余。作灯课久之。

日记　卷拾五

在天津记　九、十月至袁浦

光绪丙午(光绪三十二年)
七月初九日起至腊月十五日止

(1906年8月28日—1907年1月28日)

光绪三十二年七月初九日,西历千九百零六年八月二十八日(1906年8月28日)　晴。早,译德字函数封。午后,看练兵处编印本年秋操规则等书。晚,同燕平等茶谈久之。

七月初十日(8月29日)　阴雨。午后,赴勒女郎处一谈。六钟至德义楼,同人共请桂智臣兄也。十钟半散归。

七月十一日(8月30日)　晴。午后,同陈凤举看房屋数所。晚,同餐于合盛园,后茶谈至十二钟乃归。

七月十二日(8月31日)　晴。接信知荫宪得在练兵处行走差,拟明日晋京一走,兼为叩贺。午后,晤勒女郎良久,后收拾衣箱时许,就寝略早。

七月十三日(9月1日)　晴,热。午后三钟,携仆人带行李赴新车站。头等车一、三等车一,共需洋七元一角。六钟三刻抵京,寓前门外西河沿第一客栈十六号房间。房居正面楼上。晚餐毕,写信二封。睡后因臭虫过多,难以安枕,遂起在院中小坐,俟天明,始稍睡许。

七月十四日(9月2日)　晴,晨微雨。早,乘车出门拜客数家,如荫午宪处、那京卿锡侯、联侍郎春卿及荣宝臣、富泽生等处。晚，宝臣、泽生招饮于庆和堂，夜十二钟始回栈房。是夜宿车厢中，睡稍安。

七月十五日(9月3日) 晴。晨赴西后山外陈荫东兄处，陈春圃、柴策侯亦在彼。午餐毕，游白云观，观莲花池，及铁路车站各处。往返均乘铁路之压车。晚膳后，同策侯等作夜谈，遂宿彼。

七月十六日(9月4日) 晴。早，由工程局赴荫宪处辞行，谈甚久。后上街购物。午后二钟四十分，搭第三次火车返津，车中看报消遣。七钟后抵津，荫公馆处一坐，遂回舍晚餐。携回有鲜荷花鸡头米等物，分赠各处。

七月十七日(9月5日) 晴。由八钟余赴局，料理数日内之杂事。荫府内午餐，后同养田往晤崔子良，又至工艺局一观，购信纸、牙粉少许乃归。灯下写信数封。

七月十八日(9月6日) 晴。午后，赴工程局一坐。晚，张敬舆(绍曾)招饮于庆乐园，同席有督练处各总办、帮办及养田。又二日本员，席间并叫有日本妓三名来侍酒弹唱，时许乃去。茶谈良久乃归。

七月十九日(9月7日) 阴雨，晴。荫宪自京返，往与一谈。晚，养田招饮于太和春，后叉麻雀时许。亥前回寓。

七月廿日(9月8日) 晴。早，张海帆自山左来，送学生赴练兵处应考也。午后，赴勒女郎处一坐。晚，同养田公请张海翁，宴于德义楼，后同燕平兄茶谈良久。亥正归寓。

七月廿一日(9月9日) 晴，星期。各局所铺面多悬旗结彩，恭祝立宪始基，闻南洋及京城皆如是也。午后，看房屋数处，多不合意。晚，在黄礼南处便饭，后茶谈久之。亥末归。

七月廿二日(9月10日) 晴。发信片数纸，午后未出门，作灯课良久。

七月廿三日(9月11日) 晴。早，洗影阁房一坐，又在燕平处一坐。作灯课久之。

七月廿四日(9月12日) 晴。早，晤书畲刻余。后工程局一坐。晚餐罢，出门茶谈时许。

七月廿五日(9 月 13 日)　晴。午后，赴德营盘，晤古罗都戎及马君刻许。又晤德华总办柯君及姚季翁良久，顺道购物数件。六钟后，诣德义楼应禅臣、行岩、蕉铭（昭明）之招，散后为陆格奇译函一件，再至蒋宅搓麻雀时许。亥末乃返。

七月廿六日(9 月 14 日)　晴，凉。午后，上街购金器两件。晚，崔子良招饮于德义楼，同席十余人，散后茶谈多处。一钟后始回舍。

七月廿七日(9 月 5 日)　晴。晚，在蒋院设宴邀请督练处三总办及参议、帮办、提调等。同席共十一人，散后茶谈久之。二钟回舍。

七月廿八日(9 月 16 日)　晴。早，同程书畲久谈。午后，看房屋一所。晚，督练处诸人邀晚餐于某妓楼。十一钟后回署。

七月廿九日(9 月 17 日)　晴。早，译德文信数件，燕平处午餐。荫公馆晚餐，灯下代写家信一件，因昨日荫宪奉旨简放江北提督，有数事询问。

八月初一日(9 月 18 日)　晴，夜雨。早，译信函数件。午后，出门看房屋。晚，赴书畲处同往利顺德饭店，应德领事克尼平君之招。因有议员数人由德来此，特设宴一聚。同席约百二十人，女客约十余人，作诵词者有三人。十一钟席散，各分道归，时已微雨。

八月初二日(9 月 19 日)　阴雨终日。早，作致德提督二函，伊夫妇明日招饮也。晚，张敬舆、张宝斋等招饮于太和春，同席七人。九钟散后，晤陈凤举兄时许。

八月初三日(9 月 20 日)　晴。午刻，衣冠赴驻津德提督佛希雷夫妇之招，宴于武官大餐厅。同席约四十余人，席罢偕德议员赴各工厂及教育品陈列馆各一观。四钟半，各分道归。余与燕平兄一谈。晚，同张颐明兄听书，后至茶室一坐。

八月初四日(9 月 21 日)　晴。晚，作灯课久之，看秋操章程及督练处试办章程。

八月初五日(9 月 22 日)　晴。早，陆格奇游戎来一谈。晚，燕平招饮于佩卿处，茶谈至一钟后始返。知家君午后已由都回津矣。

八月初六日(9月23日) 晴，星期。午后，译除水中小虫法。晚，陈凤举兄招饮于德义楼，茶谈至十一钟始返。同席有由京来吴正卿者，古罗都戎来拜，未见，因房屋不雅也。

八月初七日(9月24日) 晴。早，作致古罗一信。晚，约荫太夫人观剧。十二钟后归。

八月初八日(9月25日) 晴。早，与书畬一谈。午后，约荫太夫人观剧。晚，作灯课良久。

八月初九日(9月26日) 晴。晚，同徐军门应德武官卢德魏夫妇之招。

八月初十日(9月27日) 晴。译德文信件数封。晚，劳逊任兄来一谈。任车夫自今日起停工。晚，荫宪自京返，往一晤。

八月十一日(9月28日) 晴。午后，荫宪自都来津，余往一晤。后同书畬应奥人斐士之招于利明德，同席计六人。散后，赴两处茶谈时许。

八月十二日(9月29日) 晴。早，往晤荫宪，面荐彦士已蒙允收。午后，致德国驻扎胶澳办事大臣一信，并相片一纸。晚，卫燕平招饮于二顺处，后至蒋宅一坐。节期在迩，亲往送账也。二钟始返。

八月十三日(9月30日) 晴。早，晤荫宪，蒙借赴江北差遣。晚，晤程书畬兄良久。

八月十四日(10月1日) 晴。早，赴德华换银。因秋节，放假三日，停办一切，遂不果。晤荫姨太太刻许。晚，张海帆帅招饮于德义楼，后在三不管处一坐。

八月十五日(10月2日) 晴。早，出门拜节，往拜荣宝臣、富泽生等。晚，约荣、富等便酌于宴楼。后晤何怀德，遂同往观剧。

八月十六日(10月3日) 晴。晤蔡述堂总办刻许。谓奉宫保谕，借赴江北暂预支薪水两个月。晚，程书畬招饮，蒋宅一坐。又赴大观园。今晚家慈偕内子约荫宪太夫人观剧也。

八月十七日(10月4日)　晴。早,衣冠出门辞行。后赴德华取银。午后,料理衣箱,拟乘泰顺轮南下。闻今夜可抵码头,遂订明晨上行李,约十九午后开行。

八月十八日(10月5日)　晴。晨六钟起,照料衣箱各物,运上轮船,大小共百十余件。晚膳后,赴荫宪处禀辞,顺道由高沂泉处取来选班知府之寔收。由家中辞行出,遂赴轮船一观。后同姚季翁往天仙观剧。十二钟后送余登舟,小坐乃辞去,余亦就寝。余自住一房,广三、学农同住一房。

八月十九日(10月6日)　晴。冷风。早七钟展轮,抵塘沽上煤毕,晚出大沽口候潮,因潮小,是夜未能出滩,搁浅沙上。轮船吃水较浅者,乃能出滩。

八月廿日(10月7日)　午后五钟,始得潮出滩,滩外上货毕,夜即起碇南下。

八月廿一日(10月8日)　晴爽,微暖,风平浪静。天青水绿,如坐屋中,殊不可多得之佳天气也。早起,点心毕,舟旁闲步久之。作信数封。午后,与广三闲谈。晚,就寝略早。

八月廿二日(10月9日)　晴。海静微暗,阅洋报时许,就寝甚早。

八月廿三日(10月10日)　晴。早微风,舟荡,客人中间有病海者,午刻即平复。

八月廿四日(10月11日)　晴。午前十钟抵沪,寓新大方栈。出门拜上海道及招商局总会办。午后,常质卿、王捷三邀乘马车游新张思园。晚,邀吃大菜,晚十钟登江永轮船,船票系招商局代办。计十八人,夜一钟后开。

八月廿五日(10月12日)　晴。早起,点心毕,船旁小步。晚,小卧时许。一钟后抵镇江,料理行李箱匣,上趸船。

八月廿六日(10月13日)　晴。早六钟,同广三、学农登岸一游。赴迎春楼吃点心,回趸船。后晤江北提署派来炮船四管带刻许。

余与常、刘等住李辅廷之船，又雇南湾一只，又外护送炮划一只，一点一刻起行，入瓜州口。晚住扬州东关外，因天色已晚，未得进城，就寝略早。领哨李辅廷让房为余下榻，广三、学农住官舱。

八月廿七日(10月14日) 晴。终日南风，因得渡过急流，经邵伯湖，晚住高邮州北门外，距停泊须知牌坊不远。登岸一游，街道甚长，亦甚平，皆砖所筑。顺堤回船，运河水势近退二三尺，较寻常，仍不为小。饥民在在皆见，多有乘船赴长江各口图谋衣食者。江北今年水灾甚大，受灾地方亦多，米粮因之昂贵，若无赈济，恐小民难以安枕也。晚九钟乃睡。

八月廿八日(10月15日) 晴。天未明即起碇，微南风。经过界首汜水，行计百里。晚宿刘家塝，靠岸后上坡小步，回船后食螃蟹两只，刘哨官来一谈。

八月廿九日(10月16日) 晴，热。早，作致程书畲一信。午后，见小轮拖带帅字船，知大帅座船也。遂衣冠赴船头一站，后小轮亦加拖余船，前往两岸排队，迎接者甚多。晚宿淮安府城北地方，文武各官皆来禀见大帅，余等亦过船晤大帅、宪太夫人良久。见客数次。

八月三十日(10月17日) 晴，冷，可衣棉。早七钟展轮，风甚大。九钟后抵清江浦，队伍多在河干迎接。因前任刘延帅眷属仍居署内，新任暂移进练兵公所小住，余与学农住一房，养田与广三同住。一切布置皆鄢锦亭兄经理，俱甚妥当。晤许豫生、严幼竹、冯伯从、裴尧田、徐仪廷、蕲翊卿、沈小溪、夏仲陶良久。午饭与大帅同餐。晚，晤锦廷刻许。亥末乃睡。

九月初一日(10月18日) 晴，冷，寒暑表降至十五度下。午后，出门拜客数家，后晤票号吕德普、李子兴刻许。今日大帅派钱春麟暂署行营中军。后上街闲步良久。

九月初二日(10月19日) 晴。今日刘延帅灵柩起行，大帅往东关一祭，余与养田上街看热闹。午后，过河一游，赴衙门内看房屋。

余拟与养田同住一房。

九月初三日(10月20日)　晴。大帅命余赴沪购办物件，拟明日起行。午后，同养田上街闲步。顺便至东关外轮船码头，看舱位购船票。就寝略早。

九月初四日(10月21日)　晴，风。午前，携行李搭小轮前赴镇江，再乘大轮往上海，十二点展轮，后即午餐，顺风顺水。夜驻高邮州城下。

九月初五日(10月22日)　晴。侵晨起碇，拖船撞成漏舟，收拾良久，始得起行。午后一钟抵镇江，登岸晤美最时行东德人开施刻许。五钟，搭鸿安公司宝华船下驶。舟小人多，颇觉污秽。行驶复慢，睡略早。

九月初六日(10月23日)　晴，风暖。舟中看《聊斋》消遣，作信数封。三钟抵杨树浦停轮，五钟半始靠岸，寓名利栈楼上。晚，晤潘子珍刻许，后丹桂观剧，演有潘烈士投海新出。

九月初七日(10月24日)　晴，热。早，往义昌成号，晤樊时勋观察刻许。终日在街采办物件。晤赵辑伍片刻。晚，樊时翁约燕庆园花酒，同席有王、周诸观察等，散后赴信裕洋行一坐。又至某家酒叙，熊石秋备马车迎送，十一钟回栈。

九月初八日(10月25日)　晴，暖。午后，上街购物。晚，同王捷三兄便饭，后赴春桂观剧。茶谈又良久。一钟归寓。

九月初九日(10月26日)　重阳节，晴。午后，往德领事署晤施谋及贝特克两君刻许。后同捷三兄乘马车赴张园观剧菊花山，进门票各洋一元。晚餐毕，洗澡，观剧于丹桂十二钟。

九月初十日(10月27日)　晴，暖。午后上街购物，晚应熊石秋之招，席设时风仪处，余仍唤花久卿及小米、二宝来侍酒。同席共九人。江宽买办、施子英亦在座。因明日乘江宽赴镇江。石翁特邀子翁一谈也。散后已十一钟，遂返寓。作灯课时许。

九月十一日(10月28日)　晴。早起清理账目，午后乘马出门辞行，顺道至果园一游，晚餐毕，登江宽轮船，夜一钟起碇，后遂即就寝。

九月十二日（10月29日） 午后微雨，晚又雨，气候转凉。夜十点半已抵京口，因江永未开，故候至二钟始得靠登船。李哨官已代亲兵等来迎接。夜宿长龙，睡后已四钟半矣。

九月十三日（10月30日） 阴晴各半。午刻过船，十二钟起行赴淮。夜过高邮州，后乃睡。

九月十四日（10月31日） 阴雨，微凉。午刻，到清江浦，冒雨登岸。知大帅等已于十二日移进新署，遂直赴提署。余系与养田连房，午餐罢，衣冠为大帅等叩禧。又在宪老太太处一坐，赴各同事处略谈。晚，同仁来房小坐。

九月十五日（11月1日） 阴雨，凉。早，宪太夫人处久坐，谈伊家务事。与养田、尧田各一谈，游花园一通。形势颇佳，惟多不整，尚待修容也。

九月十六日（11月2日） 晴，凉。室中寒暑表降至七八度，早与大帅谈刻许。午后，与养田在花园小步，楼台匾额甚夥，荡小舟绕园一周。晚，广三来房小酌，兼作夜谈。接德人安纳女郎一信。

九月十七日（11月3日） 晴凉如昨。午刻，往拜朱观察容斋（照），后上街闲步，登东西城垣闲眺，砖城外护以圩城，防水灾也。晚，广三邀食螃蟹，夜谈甚久。今日拜大德通渠君，谈刻许。

九月十八日（11月4日） 晴。未出门。午后，在花园池中荡舟良久。晚，小酌，同座四人，阅报数页。

九月十九日（11月5日） 晴。午后，同养田出门闲步。出东关，登土城一眺，通西坝有马路一条，并有东洋车数十部。晤徐仪亭片刻。晚，养田邀食螃蟹，同座四人。

九月廿日（11月6日） 晴，微暖。早，鄢锦廷来辞行，带队赴州查匪也。后晤医官，晤张尧堂刻许。午后，写信数封。晚，学农邀食螃蟹，谈至十二钟始睡。

九月廿一日(11月7日)　晴。大帅因李领哨压运行李等物，至今仍未返淮，遂派水师杉板往寻。午后，同广三上河北一游，看水良久。晚餐毕，李领哨乃回。始知四百里水道行走九日者，因在湖内候风故耳。

九月廿二日(11月8日)　晴。早，点收沪上购到各物。午后，同尧田、养田等乘舆赴城外答拜协统徐仪廷及各标统等，计步队六营，马队二营。后至西壩，晤陆军稽查王晓泉兄良久，又至王松茂家茶谈刻许。扬妓八九来陪，各唱一出，□□矮小，寔不雅观。五钟回署，终途已见落日。抵署后，知大帅奉京电，补陆军部右侍郎，现以王士珍署理。大家遂衣冠前去叩禧。晚，大帅处久谈。

九月廿三日(11月9日)　晴。早，宪太夫人处一坐。午后，在荷花池登小舟刻，又至西关外一游，入清江浦门而返。见城墙面南隅，有大花园一所，地面甚广，房屋亦夥。晚，在房小饮时许。

九月廿四日(11月10日)　晴。早，宪太夫人处小坐。后养田招饮于得月楼。午后，大帅处一谈。因姨太太将赴沪就医事，许豫翁来一谈，又在宪太夫人处久谈。

九月廿五日(11月11日)　晴，微暖。早，裴尧田房小坐，后同许豫翁商议安置大帅如夫人事，后余晤大帅良久。晚餐前同宪太太荡小舟刻许，后来余房一坐。灯下阅报数段。

九月廿六日(11月12日)　晴。早，同尧田兄等出门早点，顺道至德义客栈一坐。午后，宪太夫人处看操麻雀良久。晚，看报数幅。同养田谈往事，至十一钟后乃睡。

九月廿七日(11月13日)　晴。午后，同养田往拜吕德普、章庆堂，各谈刻许。晚，同尧田出门在某宅茶话久之。回署后，又在余房一坐。

九月廿八日(11月14日)　晴，宪太夫人处坐良久。

九月廿九日(11月15日)　晴，暖。早，宪太夫人处一谈，晚日升昌票号李子兴招饮，同席共九人，有淮妓六七，土妓二，弹唱久之。

十一钟后始散。

十月初一日(11月16日)　晴。大帅派养田、尧田二人赴淮城考试，该处将升学堂，因大帅以家务纷纭不克前往也。午后，上房内宅风潮大起，往劝良久。宪眷明日赴沪，命余送往，即晚收拾行李箱笼时许。

十月初二日(11月17日)　晴，冷。宪眷暂缓行事，有转机也。午后，晤大帅刻许，又在上房久坐，大家来余房谈甚久。顷阅报纸知，阅兵大臣奏报核阅秋操情形，北军计一镇一协，归统制段祺瑞总统，南军系湖北之一镇，河南之一协合成，归统制张彪总统，共计两军，官、左、弁、兵、夫役三万三千九百余员名，此外两军之大小接济、架桥、卫生、军乐、电信等队亦均配置相等，南攻北御，如临大敌然。

十月初三日(11月18日)　阴，午后微雨。上街一游，在李子兴处一坐。灯下阅报消遣，就寝略早。

十月初四日(11月19日)　阴雨，微雪。午后，票号李、吕二君来谈甚久。后金翌卿等三人由淮城陆军速成学堂回，此次考试各题，大帅余等三人阅卷。

十月初五日(11月20日)　晴，冷。午后，阅卷两册，上街闲步。晚，宪太夫人处一坐。

十月初六日(11月21日)　晴，冷，房内生木炭火。午刻，淮城速成学堂总办刘剀臣(冠军)来拜。午后，赴师范学堂晤教务长张君相文刻许。查算学课程兼算学教员及庶务长请长假事。

十月初七日(11月22日)　晴，冷。午后，同养田往拜聂观察汉侯未晤，诣大香雪雪洋面公司一观。晚，阅地舆试卷良久。

十月初八日(11月23日)　阴雨。晚，应聂汉侯观察之招，同席除尧田、养田外，尚有汪鲁门、朱蓉齐、张瑞臣三观察。席散，九钟抵署，老太太来一谈。看卷子良久，来客数次。

十月初九日(11月24日)　阴雨，午后晴。今日预祝寿。万寿内外各演戏一台。午后四钟，大家随班衣冠入座观剧。共分六席，夜十钟散。

十月初十日（11月25日）　晴。早，阅卷多册。午后，伴宪太夫人听戏，正面共坐三桌，系本城各道、府、州、县及营务中诸员。晚，与宪老太太同餐。同席六人，点戏者甚多。余亦点一曲，赏洋二枚，十钟乃散。

十月十一日（11月26日）　晴。午后，同渠清舫等赴谢、段家各一坐。晚，同仁源钱庄招饮，借座日升昌票号。同席七八人，该号主东张瑞臣、孙采臣亦到，亥末散归。此地东大街于万寿期内均悬灯结彩，上围彩棚，夜间灯火甚多，不亚津门庆祝情形也。

十月十二日（11月27日）　晴。早，阅试卷。午后，宪太夫人来久谈。晚，衡丰钱庄招饮，店东孔碧卿、廖小平出陪。十钟席散，日升昌小坐。

十月十三日（11月28日）　晴。早，徐叔陶来谈刻许。大帅电调来此，将派师范学堂庶务长也。午后，宪太夫人房一坐。阅试卷久之。晚，大德通渠清舫招饮，同席十人，颇觉热闹，茶谈亦甚欢。大金、小桂均甚可人，十一钟散归。

十月十四日（11月29日）　晴。终日未出门，为宪太夫人写信二封，阅试卷数十本。庆善银号陈子丞来浦立庄，午后来谈片刻。

十月十五日（11月30日）　晴。阅报知袁宫保奏请开去各项兼差，顷已奉旨允准，并直隶向有陆军六镇，除第二、第四两镇，余均归陆军部统辖。徐叔陶今日已奉到札委派，充师范学堂庶务长。晚，同幼竹、伯从上街茶谈于陈宅刻许。接到北洋信件数封。

十月十六日（12月1日）　晴。阅试卷，今日宪眷移居三堂，以五福堂房屋不甚吉利也。同许豫生参议谈北洋洋务局差使之去留。晚，在大帅房亦谈此事久之。作灯课时许乃睡。今日购狐狸腿皮筒一件，价四十元。

十月十七日（12月2日）　晴。午后，同养田出门拜客。晚，大帅处久坐，后接袁宫保覆电云："久典重兵，猜忌日多，不得不卸也。王承传请令先回，因无通德文者，凯篠。"

十月十八日(12月3日) 晴。早，晤大帅、许参议良久。大沽口封冻在即，不知能否仍由海道，因电询沪招商局。午后，出门赴各处辞行，后各处亦多来送行。晚，晤许观察及养田甚久。阅试卷数十本。

十月十九日(12月4日) 晴，暖。早，接沪电知，开往天津海船于十九日截止，乃决意乘京汉铁路返津。午后，见客多次，收拾衣箱良久。晚，许观察招饮于伊室，同座共六人。席散，宪太夫人来久谈。

十月二十日(12月5日) 晴，暖。早，赴内署各处辞行。午刻，宪太夫人招饮，同座六人。午后，同养田出北门，探视江北一带迁来难民，约三十余万，均分居席棚。晚间，来人久谈。大帅送余川资银一百两。

十月二十一日(12月6日) 晴。早，大家来送行，十钟后出署，同养田、广三用便饭于得月楼，过日升昌小坐，午初登小轮，署中各人有来送别者，如养田、广三、幼竹、学农及李子兴等，同舱遇田华亭、殷淮清，相识谈甚欢。夜宿高邮，十二钟就寝。

十月二十二日(12月7日) 晴。早八钟起。午后一钟始抵扬州，殷、田两兄好客异常，定邀余留扬州一二日，俾得再观该城风景，遂同登岸，派马升携带大件行李直赴镇江，余带律升同住日升昌田华亭处。午后，同殷淮清兄出门茶谈两处。回寓晚餐毕，唤三妓来陪谈，亥末就寝。

十月二十三日(12月8日) 晴。早九钟起，寒暑表八度，点心毕，往拜殷淮清。晚，田、殷两君备酒一台，前福山镇李本钦军(岂明)亦在座，明日有清江之行也。扬州之花到者八人，各歌唱一曲。陪坐甚久，席散后观叉麻雀时许。

十月二十四日(12月9日) 晴。午餐罢，同田华亭、殷淮清、陈子范、田子翁等四人乘小轮过镇江，寓佛照楼。晚，赴杨炳炎家道喜，伊子弥月之日，留坐。晚席各叫局陪酒，镇江风景较扬州稍胜一筹。席散，茶谈数处。妓楼略似沪上模样，后又各携一女郎来栈作夜谈。三钟始散去，遂即睡。

十月二十五日(12 月 10 日) 午刻，衣冠往杨炳翁处道喜。午饭后，赴钱店拜客。晚，饮于杨宅，再饮于田召瀛处，皆花局也。回栈谈至夜一钟。江宽上水始靠岸，遂登舟。殷淮清、陈子范送上船，又久谈乃去。余亦就寝。

十月二十六日(12 月 11 日) 晴。十勾钟起，已抵南京，岸上房屋较数年前增多，其最显见者为江南第一楼客栈也。十二钟复展轮上驶，舟中晤施子香刻许。

十月二十七日(12 月 12 日) 晴。早经安庆，晚过九江芜湖，舟中与钟敬安及同乡方君一谈。看搓麻雀者良久。

十月二十八日(12 月 13 日) 晴，暖。早过黄州搁浅刻许。午后四钟到汉口，见江岸北面租界中洋房屋排立，似沪江模样，登岸后遂寓迎宾馆。与钟敬安兄同屋。后赴月华楼晚餐。餐毕洗澡，后赴怡园观女剧，园屋甚好，女伶亦佳。十钟后即散，乘小轿回寓。写信片数纸。

十月二十九日(12 月 14 日) 晴。早，赴月华楼吃茶，兼眺长江及对岸武昌。午后，上街闲步，赴一品香吃茶。晚，同陈巽倩太史等赴怡园观剧，十一钟回栈。

十月三十日(12 月 15 日) 晴。午刻，带马升渡江，登黄鹤楼后楼。汉口、汉阳均在目，遂在此吃茶刻许。陈太史、钟敬安亦来此。黄鹤楼前已被火灾，今在旧基建一洋式钟楼，亦颇得形势。后上街一游，街道平常，马路不整。四钟半仍回汉口，渡江小轮驶十五分钟，即达彼岸。晚，上街闲步，购冬蟹两盒，就寝略早。

十一月初一日(12 月 16 日) 晴。早四钟半起收拾行李，同陈太史巽倩、钟大夫敬安携同家人等，赴汉口大智门外火车站。京汉二等车票，洋二十九元，三等十四元五角。行李每石洋十元有零，八钟开车，经孝感、信阳、确山，晚宿驻马店。车中无饭食，须逢站自购食物充饥。晚在惠安客栈便饭，上海人所开者。餐毕，仍回车住宿，然车中客皆入客栈度夜也。

十一月初二日(12月17日) 晴，风，微冷。早五点起，吃稀饭毕，六钟展轮，经过遂平、西平、郾城、临颍、许州、新郑。十二钟，敬安在郑州下车，赴开封省会。北来车晚到，故南车在郑州等候一钟有零，后经荣泽乃过铁路黄河大桥，计一百零二空，车行约历十二三分钟。近日水甚小，河心现滩甚多，渡河后乃交武陵界。临过大桥之前，经过山洞一座，约历一二分钟。后经新乡、卫辉、淇县、汤阴而往彰德。七钟停轮，赴鸿顺客栈。晚饭又赴德站长处一晤。夜仍住车中，就寝略早。晚，微雨雹。

十一月初三日(12月18日) 晴，冷。过顺德后，见地上积雪约半寸许，经正定、保定等处，晚八钟抵北京，下车后，仍赴第一客栈居住。上房三间，日须制钱一千，伙食另算，就寝略早。

十一月初四日(12月19日) 晴。午后，往谒崔寅来兄，晤刻许。访荣宝臣兄不遇，遂返回栈，后性步往访陈太史巽倩，不晤，看街久之。往前门大街，复大栅栏，皆热闹区也。晚，陈巽翁来一谈。

十一月初五日(12月20日) 晴，风，冷。寒暑表降至二三度。午前，上街一走。午餐毕，往观北京劝工陈列所，计楼房三层，皆储各省制出各物，如景泰乡瓷器、绣货、银器、绸缎、布疋、文房四宝、皮货、平金各物以及厅中陈设之贵物皆与者。进门票须铜字二枚，后同陈巽翁赴琉璃厂购物数件，晚收拾零物，拟明晨搭头次车回津也。午后荣宝臣、崔寅来来拜，未遇。

十一月初六日(12月21日) 晴，冷。早六钟即起，八钟展轮，车中遇孙亦郊观察良久，又晤驻京法使署随员刻许。十一钟后抵津。沿路积雪甚厚，气亦冷。在舍中餐毕，赴工程科晤黄礼南兄久之，知卫燕平丁艰回里矣。

十一月初七日(12月22日) 晴，风冷。早，谒见袁宫保、梁观察，各谈刻许。后赴洋务局一走。午后，仍出门拜客多处。灯下作致段香岩一函，送给食物等五色，在张辛田家一坐。

十一月初八日(12月23日)　晴，星期，冬至节。午后，见客数次，后往常广三、刘文泉家各一谈。晚，张礼门来一坐。

十一月初九日(12月24日)　晴。早，进局办事。午后，赴租界拜客兼为宫保送西国长至节节礼。晚，晤陈荫东兄良久。后渡河夜饭毕，乃返。

十一月初十日(12月25日)　晴。晤李嘉乐兄刻许。午后，在黄礼南兄处一坐。方定之回乡，邀便饭，后赴中华一带小坐。

十一月十一日(12月26日)　晴。午后，同陈凤举赴河北考工场一览。局势略似柏林，大店货色与京师劝工场略同。因振、徐两钦使不日由东省来津，是以特开第二次欢迎会也。其有优待票者，场中赏款以茶点，顺道购字贴一份。晚，同凤举、礼南出门，茶谈久之。

十一月十二日(12月27日)　晴，冷，风。早，在李嘉乐房一谈。午后，作张养田一信。晚，王建功招饮于聚昇成，同席有陈幼伯、李观察等四人。席散，赴日界一坐。灯下写前谒见宫保时之问答，寄养田兄也。

十一月十三日(12月28日)　晴，风冷。午后，拜客数家。晚，赴日界一坐。

十一月十四日(12月29日)　晴。阅报知振、徐二钦使不日将由东三省来津，程书畲观察等今日先回。晚，往一谈。晤甘再芗兄刻许。又晤测绘学堂提调杨锦江久之。晚餐毕，赴下天仙观剧，十二钟回舍。

十一月十五日(12月30日)　晴，暖。午后，赴德领、奥领处及德统领处一坐。告以袁宫保西国新年亲往贺禧事。晚，刘文泉招饮于德义楼，后茶谈久之。

十一月十六日(12月31日)　晴，晚大风。午后，往谭仲寅处一坐。晚，在伊家晚餐。同席有傅润沅、刘湘荐、黄次如、高仰之等八人，九钟后席散，遂即回寓。

十一月十七日(1907年1月1日) 晴。西国元旦。早，赴德奥界各处拜年。宫保亦到，司道等官皆到。午后，赴洋务局一走。晚，张宝斋招饮于致美斋，后又茶坐良久。振、徐二钦使今日午后到津，寓中州会馆。

十一月十八日(1月2日) 晴，暖。今晚驻京葛大臣抵津，宫保派程书畬往车站迎迓。晚，在书畬处一谈。

十一月十九日(1月3日) 晴。早九钟赴院署，十钟葛大臣来谒，宫保、余与书畬往陪，葛大臣通华语，宫保送至马车旁乃返。午后，作致德领事官一函。托其致葛大臣，余不能往送行之故。灯下作致荫大帅一信。

十一月二十日(1月4日) 早，宫保命余往送德公使葛大臣，十钟遂衣冠赴老车站，晤葛大臣及武随员克蓝尔君刻许，并祝其一路福星。计来送行者有德领事、德统领及武官，又德璀琳、汉纳根等。宫保送葛大臣包车一辆。由津至秦王岛，十一点二十七分展轮，大家遂各分道归。今午，振贝子、徐尚书亦晋京，宫保以次均赴新车站相送。午后，将与葛大臣面谈各节，禀陈宫保。晚，在李苹香处看叉麻雀久之。

十一月二十一日(1月5日) 晴。晚，同家母诸人赴河北新开兴华茶园观剧，武戏甚好，后往玉莲家，一晤陈凤举。一钟始返。

十一月二十二日(1月6日) 晴，星期。晚，同礼南、李鸣等在庆丰园便饭。饭罢赴兴泉官盆澡塘洗，男女各分左右，后到大兴里一坐，听唱刻许。又至李苹香家小憩。

十一月二十三日(1月7日) 晴。早，古罗都戎来，为青岛德国海军乐队赴督辕送乐事。午后，领事署译员墨君来，谓驻北京新任德使雷克司伯爵，拟本星期五来津拜会宫保，电询是否宫保能以接见等语。余遂连上两禀单，听候宫保批示。晚，上院晤王辅廷刻许。作灯课良久。

十一月二十四日(1月8日)　晴,风。早,宫保传见,遂同书畲前往,为德使来津拜会及军乐队事。午后,赴德领事处及德军队各一坐,顺道谒驳船公司,晤姚、李翁刻许。后在程书畲处一谈,乃回舍。

十一月二十五日(1月9日)　晴,风,冷。早,同书畲商议宫保请客事。午后,陆格奇来一谈。顺道购大毛出风狐裘马褂一件,价洋六十元。作灯课良久。

十一月二十六日(1月10日)　晴。午后,为宫保请德使宴排座单及订菜等事,晤王辅廷刻许。作灯课久之。

十一月二十七日(1月11日)　晴。早十钟,赴新车站,迎德国驻京公使雷克司德,领事及军队统领均到站迎接,兼有马兵三十余人。十一钟半,雷使来辕拜会宫保,十二钟入席午餐,中西计十四人,餐间有德统领送来海军乐队一部。二钟席散,遂茶谈片刻,乃各分道归。余往卫燕平兄处一坐。

十一月二十八日(1月12日)　晴。早,赴燕平家吊祭。午后,赴车站送德公使雷大臣。晚,同家母等赴奥界天仙观剧,多年幼坤角。

十一月二十九日(1月13日)　晴,星期。午后,译佛统领致宫保一函。晚,同程书畲赴德领事之宴。同座计九人,蔡观察辞未到也。

十二月初一日(1月14日)　晴,午后日蚀。早,同书畲久谈。午后,晤刘文泉等时许。赴公议胡同看房屋两次。

十二月初二日(1月15日)　晴。午后,同凤举赴协盛茶园观剧,玉仙演满台飞。晚,屠小耘招饮。餐毕,日界茶谈久之。

十二月初三日(1月16日)　晴。早,张润生来自南方,谈刻许。午后,往日界购宁波床一架,价洋五十元。后往拜张润生于长发栈。晚,邀润生便酌,同座尚有周晋桓、陈凤举二人。饭后,上下茶谈久之。二钟回舍。陈巽倩太史来访,未遇。

十二月初四日(1月17日)　晴。午后,看房屋时许。作上荫老太太一书。灯下看书良久。

十二月初五日(1月18日) 晴。午后,燕平处某西人良久。在彼晚饭毕,赴同乐一坐。

十二月初六日(1月19日) 晴,星期。看房屋时许。晚,同书畲及徐军门赴古罗之宴。

十二月初七日(1月20日) 晴,星期。午前,移进公议胡同新屋,计住房九间,分前后院,较老屋略宽大,然尚仍不敷住耳。终日未出门,友人有来道喜者,收拾客房多时。

十二月初八日(1月21日) 晴,督率收拾客屋良久。

十二月初九日(1月22日) 晴。早,友人来道喜,进新屋三日也。晚,设便酌于舍下,工部关及姚氏弟兄等一聚。

十二月初十日(1月23日) 晴,微雪,终日无日光。午刻,书畲处一谈,后同至燕平处午餐。后至广三、文泉处一坐。拟上宫保禀单,本月十四为德皇万寿之日也。

十二月十一日(1月24日) 晴,晚微雪。午后,张润生、刘文泉来谈,遂在舍晚餐。程书畲、卫燕平亦来,谈至十钟始散。昨上宫保禀单已批发,着关道往贺。

十二月十二日(1月25日) 阴雨,微雪。晚,书畲处便酌,同席共五人,看操麻雀良久。

十二月十三日(1月26日) 晴。午,在燕平处便饭,晤陈子兄刻许。看地基一段。德署马翻译来一谈。灯下写信。

十二月十四日(1月27日) 晴。西历正月廿七日,为德皇万寿之期,官场皆赴领署及武官处致贺,余亦与李嘉乐往,一钟始返。午后,周晋桓处一坐。晚,赴权仙观活影戏,晤颜观察良久。

十二月十五日(1月28日) 阴,雨雪。午,赴孙荔轩家吊唁,顺道赴袁云台、颜世清、潘子静各处一拜。午后,出门拜客数处。皆未遇。灯下作致贝安纳一信,邀其来吃茶也。看报良久,接养田信,知清江饥民四十万,近日已遣散矣。